POTABILIZACIÓN Y TRATAMIENTO DE RESIDUOS LÍQUIDOS DOMÉSTICOS E INDUSTRIALES

Tomo V: Digitalización y Valorización

Guillermo Montúfar

*A mis Clientes y Proveedores... Sea por su rol en un
proyecto de depuración o en un programa de formación.
Gran fuente de conocimiento. ¡Muchas gracias!*

PRÓLOGO

"Largo es el camino de la enseñanza por medio de teorías, breve y eficaz por medio de ejemplos"

- Séneca

Son muchísimos los libros que existen detallando la matemática y fundamentos detrás de la depuración. Aún así, día a día me encuentro, en el mundo de la depuración, con tremendos errores en proyectos de inversión; falta de conocimiento operativo; enormes sobrecostos para depurar carga contaminante; entre muchos otros.

He querido escribir un libro muy diferente a lo existente. Sin desmerecer tremendas obras que existen, el nivel frecuentemente parece fuera de comprensión para muchos de nosotros los mortales.

En un lenguaje ameno, lleno de ejemplos y experiencias, integrando el análisis técnico con el financiero, he querido humildemente dar mi grano de aporte a un área que para muchos es una caja negra.

Quienes han asistido a mis cursos y programas de formación, saben que a mi no me importa el formalismo teórico y académico, o que mis asistentes puedan y utilicen conceptos técnicos y complejos, pero en forma vacía, sin poder integrarlos y aplicarlos. Por el contrario.

Es así que está redactado este libro, bueno, y toda la serie: buscando finalmente llevar la luz a un oscuro mundo "sobretecnificado" tal cual es la depuración de contaminantes en agua. Estoy seguro que tanto un profesional del tema, como un principiante disfrutarán y aprenderán de la depuración. Si sabes leer y tienes interés, estamos del otro lado. No hace falta grado académico, pero si muchas ganas de aprender.

¿Te embarcas en este proyecto de aprendizaje?

PREFACIO

"Enseñar no es transferir conocimiento, es crear la posibilidad de producirlo"

- Paulo Freire

Existen muchos libros de referencia sobre el tema de purificar el agua de carga contaminante, sea esta física, química o biológica... Excelentes libros de texto con detalladas fórmulas, análisis, fundamentos, etc., que dan cuenta de los detalles más chicos del universo del tratamiento de las aguas... Este, mi estimado lector, no es uno de ellos. Si buscas eso y aún estás a tiempo de pedir la devolución, te lo recomiendo.

Este libro, si alcanza siquiera para que podamos llamarlo así, es más bien como una traducción "sobre-simplificada" y panorámica del mundo del tratamiento de aguas, sea esta para potabilización, reutilización o disposición, incluyendo vertidos domésticos o residuos industriales líquidos. No es la intención ser referente técnico para especialistas en el tema, sino más bien, una guía introductoria para aquellos "neófitos" o "no expertos" vinculados al área, sea ello porque les han asignado la tarea de seleccionar o definir un proyecto de inversión de una planta de tratamiento, la responsabilidad de operar un sistema existente, o bien incluso el proyecto de mejora de una planta de depuración de contaminantes líquidos.

Y es que es muy común que dicha asignación no llegue de la mano con el conocimiento técnico de cómo hacer dicha gestión debidamente... Si está en ese grupo, para usted es este libro. Este no es un libro para especialistas... Esta es una "visita guiada" traducida desde el alienígena, para aquellos que no lo son.

Dicho esto, convengamos varios aspectos que son transversales a esta "visita guiada" a los sistemas de depuración de contaminantes en agua:

A)   Depurar carga contaminante debe considerarse mucho más que solo alcanzar parámetros requeridos, sea esto por una legislación o por una norma a la cual la organización está acreditada (o en proceso de acreditarse). Alcanzar parámetros, técnicamente es muy sencillo, como veremos en el desarrollo del presente. La pregunta que siempre debemos hacernos es "¿A qué costo alcanzaré dichos parámetros?". Buscar el óptimo técnico-financiero será pues, una meta sobre la cual iremos discutiendo a lo largo del presente, desde diferentes perspectivas. Este libro te brindará pautas técnico financieras para que puedas integrar en tu gestión del mundo de la depuración. El idioma de los negocios es y debe ser siempre el idioma del cliente. El idioma en cualquier operación productiva, incluyendo las plantas de tratamiento, debe ser el financiero, el que conversa la alta gerencia; no el técnico, que en ocasiones ni el proveedor utiliza adecuadamente.

B)   Un manual para un experto debe ser preciso y detallado, autorreferente y muy técnico, certero y con fuerte componente teórico. En mi caso, cuando quiero aprender de un tema nuevo (en el que evidentemente no soy experto), y leo ese tipo de literatura, es como si fuese en idioma alienígena, lenguas muertas o alguna forma de expresión para la cual mi cerebro no fue diseñado... Leo y releo, acompañado en ocasiones de un vaso de whisky, y no... No entran las ideas... Cuando ya me han acompañado algunos vasos de mi preciada bebida, pareciera ser que la luz aparece y empiezo a entender los conceptos, no estoy claro si es por la repetición o ya por el efecto del fluido compañero... El problema es que a la mañana siguiente no recuerdo mucho de lo que aprendí. A lo largo del presente, más que sólo enseñar cálculos y fundamentos, avanzaré en experiencias, historias, comentarios (en ocasiones, y siendo muy autocrítico, fuera de lugar), ejercicios, y hasta referencias a video juegos, entre otros, para que, si necesites un vaso de algún brebaje que te acompañe, sea para tu deleite y no para tratar de entender el concepto o la matemática detrás. Si es conveniente advertir que esto viene de la mano con un costo: Tendremos imprecisiones técnicas (pero si lo que requieres es ser preciso, existen ya muy buenos libros), aún cuando estas, como discutiremos, tienen menor relevancia a la hora de gestionar los sistemas de depuración. Insisto, si lo que se necesita es un libro de referencia técnico especializado, espero estés a tiempo de hacer la devolución del presente. Pero si lo que necesitas es introducirte y llevar la luz a un mundo oscuro y sobre-tecnificado, como es el de los sistemas de depuración, y, a través de una lectura liviana, enamorarte perdidamente del fascinante mundo de los sistemas de tratamiento, estás en el lugar correcto.

C) La era digital está impregnando todos nuestros ámbitos cotidianos, desde la salud a la educación, finanzas hasta producción, negocios hasta seguridad... Conectividad, gestión de datos, inteligencia artificial, entre otros, son temas cada vez más cotidianos en nuestro día a día. Este libro no será la excepción. Más que sólo entregarte las herramientas teóricas, experiencias y vivencias, o incluso puntos de análisis; se articulará desde una herramienta web a la cual, tras registrar tu copia, tendrás acceso. Con ello, a casi cincuenta de los cálculos de ingeniería de aguas, y conceptos que discutiremos a lo largo de la lectura; de tal forma que tu aprendizaje se concentre en aprender realmente la utilidad y aplicación, más que sólo citar un concepto de memoria, el desarrollo de una ecuación, o resolver un problema teórico. No obstante, para aquellos interesados, igual se planteará la matemática detrás, centrándonos principalmente en aquella aplicable en la selección idónea de proyectos de depuración (desde las operaciones a las tecnologías), o en los requeridos para la correcta operación de los mismos.

Convenido lo anterior, el avance temático en el presente se estructura en grandes bloques que consideran cinco tomos o libros de una serie, de tal forma que puedas tener acceso solo a lo que necesitas, sin tener que pagar por todo el conjunto, aún cuando si es tu requerimiento, puedas acceder a la serie completa:

A)   Fundamentos y Parámetros -Tomo I-

1)   Conceptos y Fundamentos: Más que solo enumerar enunciados y dogmas, pondremos las bases comunes para entendernos a lo largo del libro, por supuesto, entremezclados con historias y experiencias para enriquecer su comprensión.

2)   Parámetros: Entender y "saber leer" el comportamiento de una planta y sus costos asociados, viene de la mano en poder interpretar la caracterización y aporte de carga contaminante a lo largo del tren de depuración, siendo este nuestro segundo bloque de análisis.

B)   Potabilización y Adaptación Uso Industrial -Tomo II-

3)   Tratamiento Primario y Terciario: Nuestro primer acercamiento a los equipos, tecnología y matemática operativa de los sistemas de depuración será a través de la adaptación del agua en su sentido amplio, tanto para consumo humano como para otras aplicaciones, incluyendo uso industrial, enfocándonos principalmente en sistemas de depuración primario y terciario, que son los comunes empleados para este tipo de aplicaciones.

C)   Residuos Domésticos e Industriales -Tomo III-

4)   Depuración de Residuos: Tanto desde la perspectiva del tratamiento de Residuos Domésticos (aguas negras o grises), como luego desde los Residuos Industriales (vertidos líquidos industriales), retomaremos y profundizaremos lo aprendido en la Adaptación del Agua, y complementaremos con los mecanismos de depuración biológica, tanto Aerobios como Anaerobios, ahora si a un nivel más intenso. Quien entiende los fundamentos de la potabilización se queda corto en el diseño de depuración de vertidos domésticos. Quien entiende los de vertidos domésticos, no logra diseñar adecuadamente los de residuos industriales. Pero para quien maneja los principios detrás de la depuración industrial, el resto es sencillo.

D)   Ciencia y Matemática -Tomo IV-

5)   La Ciencia Detrás de la Depuración: Centrándonos en la base multidisciplinaria detrás de la depuración, veremos tanto matemática y física de operadores, química, biología, electricidad, entre otras áreas, sobre las cuales analizaremos las bases mínimas a tomar en consideración para la gestión de los diferentes sistemas de depuración, sea esto proyectos de inversión o la operación diaria. Conociendo la base sobre la que se articula la depuración facilita por mucho tomar decisiones acertadas y dejar de ver la depuración como una caja oscura en la cual incorporo insumos, y de alguna forma cuasi mágica, sale agua limpia.

E)   Digitalización y Valorización -Tomo V-

6)   Digitalización, Automatización e Inteligencia Artificial: La última sección retomará los conceptos detrás de la incursión del 0 y el 1 en el mundo de los sistemas de tratamiento, desde el control automático y los sistemas SCADA, hasta el uso de sistemas de inteligencia artificial, con sus ventajas y desventajas, técnicas y financieras.

7)   Valorización de los Residuos Líquidos: Aún cuando a lo largo de toda la serie, el tema financiero de los sistemas de depuración está presente, esta sección se enfoca principalmente en la valoración financiera de los residuos, y como generar rentabilidad a través del cambio de paradigma que va de la mano con "ver los desechos" como una fuente de ingresos más que una fuente de gastos y problemas.

Importante mencionar, para finalizar, que el progreso a través de la serie de libros, es recurrente. No sólo se va construyendo concepto sobre concepto, sino el avance es casi en espiral: la primera vez que se introduce un concepto se analiza de manera muy simplificada, con aproximaciones que si bien no son del todo correctas, pero permiten clarificar un concepto sobre el cual se edificará la siguiente capa de conocimiento. Una vez terminada una ronda de conceptos, se retoman muchos de los que ya se habían visto en forma aproximada, pero con mucho más información y detalle, articulado en lo aprendido a ese punto. Concepto sobre concepto, capa sobre capa, iremos avanzando en eliminar las simplificaciones, espero no sin que sigas disfrutando de una lectura simple y sencilla, amena, pero no por ello menos enriquecedora.

¿Listos entonces para empezar a navegar en este mundo de la depuración de las aguas? Registra tu copia del libro con el comprobante de compra bajo el link: https://waterweb.app/mybook.php y empecemos entonces, a navegar en este emocionante mundo de los sistemas de depuración, traducido desde el alienígena. Si necesitas contactarme, hacer una observación o aportación, por supuesto, siempre bienvenido: mybook@waterweb.app. Un abrazo, Guillermo Montúfar.

CONTENIDO

XIX. RECAPITULACIÓN

31. Resumen del Tomo I

"La mente que se abre a una nueva idea jamás volverá a su tamaño original"

- Albert Einstein

31.1. Introducción

Recuerdo en mis últimos años de educación escolar me pedían leer muchas obras literarias. Incluso tengo una exigente tía quien es profesora de literatura, y dominaba al revés y al derecho la gran mayoría de obras parte del contenido académico, siempre presionando e incentivando la lectura. Mi querido padre era increíblemente culto y un ávido lector literario. Y se imaginarán con esa carga en mis genes, cuál fue el resultado: nació la oveja negra (digo, siempre tiene que haber una, ¿o no?)

Siempre me gustó leer, pero nunca más allá de libros que no fuesen técnicos. Esos sí me los devoraba y disfrutaba. Pero cuando tenía la asignación de obras literarias, novelas, etc., me costaba mucho. Casi que me quedaba dormido con el título. Y por supuesto, era una de mis asignaturas con más bajo promedio. Hasta que un amigo me empezó a conseguir los resúmenes de los libros (por supuesto, "Cien años de soledad" se volvió como un día solo aún con el resumen, pero ya era un gigante avance para mi… Espero Don Gabriel no venga por mi hoy por la noche por estar escribiendo esto). En ese entonces, cuando la pregunta de la evaluación era hacer un resumen de una obra maestra literaria, casi que tenía la respuesta.

No valoré lo difícil que es hacer un buen resumen sino hasta que me tocó defender mi Tesis de Grado para optar al Título de Ingeniero Químico (que por cierto, justo fue el diseño de una planta de tratamiento para Residuos Industriales Líquidos), y estructurarla adecuadamente, para un jurado que para entonces consideraba casi los dioses del Olimpo.

Con el precedente antes expuesto, y considerando mi incompetencia al respecto, más que hacer un resumen del Tomo I, el presente considera un punteo de los principales detalles a tener en cuenta. Si mencionar que si bien el dividir en Tomos la presente serie es precisamente para evitar al lector tener que revisar todo (y pagar por ello), e ir directo a sus requerimientos, sí considero muy recomendable para avanzar en cualesquiera de los volúmenes, previo haber leído el primer libro de la serie, pues es en este que se fijan las bases comunes (e incluso los principales conceptos y definiciones que se acuerda interpretarán de una u otra forma específica) al resto.

Dicho lo anterior, partamos con una mirada rápida a las 5 secciones:

31.2.   Las Plantas de Tratamiento

El lenguaje de los negocios es único no importa el tipo de transacción que realices (o que quieras realizar): el del cliente. Si no eres capaz de hablar su idioma, y esperas que sea el cliente quien aprenda el tuyo, la mitad de la negociación está perdida. Y esto aplica para el día a día de los Sistemas de Tratamiento: el lenguaje de la alta gerencia es el financiero, y no el tecnicismo de la depuración.

Es imperativo que se considere siempre ante cualquier toma de decisión al respecto de la gestión de un proyecto o una planta para remover carga contaminante, no sólo los aspectos técnicos sino cuál es el valor (inversión y/o costo operativo) implícito en la decisión.

Depurar es más que solo alcanzar parámetros de salida. Depurar es lograr el requisito de tratamiento, pero al óptimo técnico financiero.

Apoyarse con herramientas digitales en esta era de los datos es una tremenda oportunidad para reducir los costos, mientras se alcanza mayor efectividad y eficiencia en la depuración.

De la mano con digitalizar, mencionar que para hacer uso de la herramienta digital incluida junto con el presente, registrar la copia en el link https://waterweb.app/mybook.php#register. Tras recibir las credenciales, es necesario hacer LogIn previo a hacer uso de los link que se van haciendo referencia a lo largo del libro (recuerda que un usuario solo puede tener acceso a un registro a la vez).

31.3.   Dimensionando una Planta de Depuración

Más que sólo el caudal o sólo la concentración de carga contaminante presente, el parámetro que más incide en el dimensionamiento de una unidad depuradora es el flujo másico.

Así, de la mano con tener en cuenta el mantener en sistema en control, bajo los parámetros requeridos de depuración, debemos considerar el costo (o el Valor Presente Neto) de cada kilogramo de carga contaminante reducida, especialmente para el parámetro crítico.

En el caso de requerir comparar tecnologías de depuración, por ejemplo, un factor importante a considerar es el ratio entre el VPN de cada tecnología dividido por el flujo másico reducido por el tiempo de análisis (que en general, se considera 2 años).

31.4.　Tren de Operaciones Unitarias

Las partes o pasos en los que se divide un sistema de depuración se conocen como Operaciones Unitarias (OU), y su conjunto, como Tren de Operaciones Unitarias (TOU). Dicho Tren, se puede dividir en 5 macro grupos a ser:

Tratamiento Primario: aquellas OU cuyo principio de depuración es Físico o Químico. Se divide a su vez en Pretratamiento (aquellas antes del Tanque de Amortiguamiento -TA-) y Tratamiento primario per se (aguas abajo del TA).

Tratamiento Secundario: para cualquier OU que depure articulada en la reducción de la carga contaminante por acción de los microorganismos.

Tratamiento Terciario: o las OU de ajuste y/o efecto multibarrera. Su costo operativo es mayor al resto.

Desaguado de Lodos: previo a disponer o utilizar los lodos primarios y secundarios, son las responsables de alcanzar niveles adecuados de concentración o contenido seco de sólidos.

Valorización de Residuos: considera las de reprocesamiento así como las de producción de energía (principalmente calor o electricidad) a partir de los desechos.

31.5.　Influente y Efluente

En el momento de evaluar una estación depuradora, para potabilizar y/o aprovechamiento del afluente, como previo a descarga cumpliendo alguna norma o certificación, mínimo considerar adicionalmente:

El origen del influente, buscando entender principalmente las variaciones que este pueda tener en el tiempo; la estacionalidad o cambios que ocurren durante el año; la proyección de crecimiento de la mano con la capacidad de expansión de la potencial carga depurada; y las descargas anormales, considerando el riesgo de ocurrencia, y el plan de actuaciones para reducir la probabilidad de ocurrencia o el impacto potencial si ocurriese.

Así mismo, y dependiendo de la rigurosidad de mantener los parámetros de salida continuamente en control, el efecto multibarrera necesario en los sistemas de depuración (operaciones aguas abajo que más que depurar, su función es actuar como respaldo en caso de problemas en las OU predecesoras).

31.6.   Caracterizando el Afluente

Articulado en los dos componentes del flujo másico, el comprender tanto el comportamiento del caudal en el tiempo como la concentración de los diferentes parámetros que constituyen la carga contaminante (físicos, químicos y biológicos), y su eficiencia óptima de depuración, es por mucho el punto de partida para identificar las condiciones y características requeridas de depuración: caudal operativo; capacidad y volumen de las unidades; combinación de mecanismos de depuración; TOU óptimo técnico financiero; entre otros.

Comprender la caracterización de los afluentes y las relaciones entre sus parámetros, es más de la mitad del saber gestionar los sistemas de depuración, sea para potabilización o adecuación para uso; tratamiento de vertidos domésticos; o depuración de residuos industriales líquidos. Así, mi estimado lector, si leyó este capítulo hace algún tiempo, o bien algún concepto de lo expuesto en este Tomo de pronto hace referencia a algo ya visto y no lo recuerda, sugiero muchísimo, de forma más allá de lo enfático que puede ser en sus pensamientos el catedrático más exigente, leerlo de nuevo.

El aprendizaje a través de la serie de libros es un proceso en espiral. Vamos construyendo concepto sobre concepto, en un ciclo reiterativo, en el que cada vez que se retoma algo ya visto, más allá de simplemente revisarlo, es para incorporarle información adicional.

32. Resumen del Tomo II

"No puedes volver atrás y cambiar el principio, pero puedes comenzar donde estás, y cambiar el final"

- *C. S. Lewis*

32.1. Introducción

Mi apreciación personal, muy de la mano con todos los aciertos y errores que he visto en el mundo de la depuración de carga contaminante, propios y de terceros, es el que quien sabe diseñar u operar plantas de potabilización en forma propia, por mucho, es un "profesional" muy integral.

Digo profesional, no en el burdo y pobre sentido de un grado académico, sino en la capacidad de una persona para ejercer una profesión, que es por mucho más allá de la escolaridad.

Insisto siempre, mucho de lo aprendido por mi persona en este campo, no ha sido de la mano de los libros o de mis profesores en los diferentes países que he tenido la bendición de estudiar. Sin desmerecer, por supuesto, dicho aprendizaje, que igualmente ha sido valioso.

Ciertamente la gran escuela ha venido de la mano de la experiencia y de compartir con los operadores, quienes a través de sus observaciones, comentarios, cuestionamientos, e incluso gestión empírica operativa, me han permitido comprender y asimilar en forma, una teoría en ocasiones demasiado abstracta, cimentando y permitiéndome articular los conocimientos, ya en forma práctica.

Y sí, diseñar u operar plantas potabilizadoras requiere, como hemos compartido en el Tomo II, conocimiento de muchas áreas del conocimiento. Tener en cuenta mucha información de base, para hacerlo en forma acertada.

El punto es que si estás acá, tu interés es aprender de tratamiento de residuos, más que de potabilización. La pregunta es entonces ¿De qué me sirve este resumen?

Desde la teoría, dadas las condiciones y eficiencias requeridas, la potabilización es el área más exigente, donde todo debe funcionar como un reloj. El marco conceptual es por mucho el más denso e intenso, repleto de supuestos y análisis matemáticos, físicos y químicos de extrema complejidad. Marco que le permite a los diseñadores de tecnología, facilitarnos la vida con soluciones pre-armadas.

Pero para el mortal que está en las trincheras, el que día a día está metido donde las cosas pasan, la historia es totalmente la contraria. Potabilizar es a penas el primer paso. Involucrarse con la depuración de los residuos domésticos (de la mano del tratamiento secundario) es mucho más desafiante y requiere más conocimientos y pericia. Sin embargo, el tratamiento de los residuos líquidos industriales, esa sí es la arena de los pesos pesados. Y es ahí donde vamos con este Tomo III.

Es muy fácil percatarse, por ejemplo, al revisar plantas de tratamiento de residuos industriales, frecuentemente con problemas, que fue desarrollada por personas u organizaciones vinculadas o bien a potabilización, o bien al tratamiento de vertidos domésticos. La huella es única y muy clara cuál ha sido su área de experiencia. Huella que va desde selección de tecnología inadecuada, especialmente cuando estaba involucrado en potabilización; hasta TOU o tipos de reactores que no son para nada la mejor opción, cuando era en residuos domésticos. Y el gran resultado siempre es el mismo: inversiones y costos innecesarios.

Así, el aprendizaje sigue un modelo de una escalera de caracol o helicoidal. Un continuo avanzar en círculos, revisando de nuevo los mismos conceptos, pero cada vez, a otro nivel con mucho más detalle. Una escalera donde los primeros eslabones son precisamente la potabilización, y los últimos, el tratamiento de residuos líquidos industriales.

Si pretendes avanzar en este Tomo sin leer los dos anteriores, no sólo va a ser muy difícil, sino más bien, te perderás muchísimos detalles y la capacidad de aprovechar al máximo la información acá expuesta, pues este libro está desarrollado no considerando como opción que dispones de los Tomos I y II, sino como necesarios.

Si por otra parte, sí los revisaste y leíste, pero al llegar a este resumen, o en el avance mismo del Tomo III, existen conceptos que no recuerdas con claridad, habrá que leerlos de nuevo.

32.2. Del Tratamiento Primario al Terciario

Al potabilizar, en su sentido amplio de la expresión, adaptar la calidad del agua para ser usada, sea consumo humano, riego, industrial, etc., requiere como punto de partida definir muy claro cuál es el objetivo mismo de la depuración.

Para definirle, varios temas son importantes analizar y tener en consideración:

A)   Las características del influente y su estacionalidad;

B)   Los cambios en la demanda de agua potable, estacionalidad y su proyección de crecimiento misma;

C)   Cuáles son las condiciones, características y equipos tanto en la captación del agua cruda, como también del almacenamiento y distribución del agua ya potabilizada;

D)   Política y marco regulatorio respecto al uso de químicos para potabilizar, así como de los potenciales subproductos que se pudiesen formar durante el proceso;

E)   Niveles y eficiencia de remoción de los patógenos presentes;

F)   Tiempo de respuesta requerido y consideraciones que implica una falla en el proceso, o bien el no poder potabilizar por las condiciones del influente;

G)   Requerimientos de monitoreo, tanto del efluente como de las condiciones operativas, de la mano con el uso del efluente;

H)   Otros considerandos que pueden incluso venir de la mano de certificaciones, responsabilidad extracontractual, etc.

Teniendo claro el objetivo de la potabilización, con todas sus consideraciones, el siguiente paso es definir el TOU de la depuración. Que pasos son adecuados para remover la carga contaminante conforme requerido.

Para ello, el punto de partida, como me decía un compañero de la universidad, es siempre revisar lo que ha hecho el de al lado, y partir desde ese punto. Justo me lo repetía al inicio de cada evaluación. Algo de razón tenía.

Así entonces, un conjunto de TOU para potabilizar agua de río, de mar, subterránea, lluvia, para uso industrial, o incluso obtenerla a partir de la humedad del aire, incluyendo diferentes variantes, y en forma preliminar y somera, introducir las Operaciones o pasos en la depuración involucrados, fue analizado.

32.3.   Tratamiento Primario

Recordando el que, precisamente, mientras no se pretenda sobrepasar significativamente las eficiencias óptimas de depuración, las OU del Tratamiento Primario serán por mucho las más costo-efectivas, su adecuada selección y operación tendrán siempre una incidencia enorme en los costos globales de todo el sistema de depuración.

Las OU del Tratamiento Primario incluyen:

A)   *Macrotamizado o cribado*: tanto en la captación como al inicio del pretratamiento mismo. Para caudales chicos, las de limpieza manual, mientras que, para caudales mayores, limpieza mecanizada (reja fija, tambor rotativo, escalera, y estática o parabólica). Cada sistema, con sus consideraciones y aplicaciones específicas.

B) *Presedimentadores*: Con enormes ventajas que impactan en todo el sistema, se clasifican en dos grandes grupos, los tanques reservorios y los desarenadores, siendo, entre este último grupo, hoy día, los desarenadores aireados la opción más costo eficiente.

C) *Flotación / Oxidación*: En ocasiones, como una OU independiente, en ocasiones la función integrada en otras OU aguas arriba o abajo, impacta en el control de algas, metales, VOCs, color y sabor del agua, entre otras.

D) *Coagulación y Floculación*: Comprender la dinámica detrás de la utilización y mezcla de químicos, los criterios de selección de los coagulantes y floculantes óptimos, y la determinación de la dosificación adecuada.

E) *Clarificación*: Tanto a través de los sedimentadores como de los flotadores (DAF / IAF) esta OU, responsable de la remoción del grueso de la carga contaminante en primario, parte más que por el dimensionamiento, por la selección correcta del método más indicado de clarificación.

32.4.   Tratamiento Terciario

Por mucho las OU con mayor costo por kilogramo depurado (tanto por su costo propio como por el costo de las corrientes de retrolavado asociadas), debe identificarse muy bien, al seleccionarles, la eficiencia requerida y las características requeridas en el efluente, teniendo en cuenta que depurar en exceso viene de la mano de costos que se incrementan en forma muy importante.

Las OU del Tratamiento Terciario incluyen:

A) *Microtamizado*: Especialmente por el uso de "microfiltros", una OU que en ocasiones se considera primario y en otras terciario. Su óptima operación viene de la mano con sus OU predecesoras.

B) *Filtrado*: Definida por la presión de trabajo y el medio filtrante, pertenecen a este grupo los filtros granulares, los de anillo, los de malla, los de cartucho y los de membrana. Cada cual, con sus pro y contra, así como consideraciones operativas que se deben mantener para evitar costos innecesarios.

C) *Desinfección*: De la mano con el Ct de los diferentes desinfectantes, su selección (o la combinación de ellos) debe responder también al requerimiento de efecto residual, los subproductos en su uso, como a los costos asociados.

D) *Resinas de Intercambio*: Principalmente utilizadas en aplicaciones industriales, permiten suavizar el agua, o incluso desmineralizarla cuando es requerido.

E) *Acondicionamiento Químico*: OU requerida en muchos casos, tanto por requerimiento normativo como para nivelar la calidad del efluente, permite entregar el agua con los parámetros de contenido químico balanceado.

Una consideración final a la hora de definir el TOU, especialmente el Terciario, es la Distribución, tanto las consideraciones de la red como la capacidad de almacenamiento de agua potable. Es por ello que, aún cuando no son parte del TOU de depuración, propiamente como tal, el mínimo de su configuración debe ser integrado al análisis del tratamiento, sus costos y sus especificaciones.

33. Resumen del Tomo III

"Una semilla crece sin sonido, pero un árbol cae con un ruido enorme. La destrucción tiene ruido, pero la creación es tranquila. Este es el poder del silencio… Crece silenciosamente"

- Sabiduría China

33.1. Introducción

Siempre me ha gustado leer la historia detrás de las personas que han alcanzado el éxito. En ocasiones, se piensa que el éxito aparece… como si fuese algo espontáneo. O que sucede… como si fuese el destino. O es suerte… como si fuese probabilidad.

Sin dejar de reconocer que existan casos fortuitos que, como toda regla, son la excepción; pero en el común de los casos, el éxito ha llegado, si bien con pasión y coraje, pero con perseverancia y esfuerzo. Un proceso de renuncia y constancia. Una meta forjada en el siguiente paso, dubitativo, si vale la pena el esfuerzo adicional. Una apuesta ante el apagar la incertidumbre del momento inicial, pero ciertamente en todo momento impregnada de riesgo.

Y el tratamiento de los residuos líquidos no es la excepción. Es parte de un proceso. Un siguiente eslabón en la meta de aprendizaje. Un articular lo aprendido en los Tomos previos, incluyendo no sólo nuevas formas, más detalladas, de analizarlo; sino también, incluyendo un silencioso universo nuevo: la depuración con seres vivos. Que crecen y se mueren, que comen y se enferman, que depuran y contaminan.

El Tomo III es un volumen fascinante. Pero sí o sí requiere que seas capaz de integrar la información del I y el II. Y esto porque el tratamiento de los Residuos Líquidos, y en especial de los industriales, es verdaderamente el eslabón de arriba, a nivel operativo, de la depuración de la carga contaminante.

Demás decir que, sin los Tomos precedentes, el Tomo IV carece de sentido práctico.

33.2. Consideraciones Básicas

Entre las principales consideraciones, complementarias a las de Potabilización, para el tratamiento de Residuos Líquidos, sea Domésticos o Industriales, se encuentran:

A)   Comportamiento del Flujo Másico del Influente;

B)   Enmarcar claramente el objetivo de la depuración, y los requerimientos que inciden en la definición del TOU;

C)   Conocimiento y capacidad de las personas vinculadas a la operación de la planta;

D)   Cuando la carga orgánica contaminante presente es una proporción mayor, aspectos como la ubicación de la planta y su distribución, y los TRH óptimos conforme el TOU, se deberán tener muy en cuenta.

Una de las herramientas más importantes tanto en el diseño como en la evaluación y en la operación de cualquier planta depuradora es el balance de masas, usualmente de la mano con el análisis del flujo másico. Con ello, el uso de relaciones estequiométricas al existir reacciones químicas.

33.3.   Tratamiento Primario

Analizado desde la perspectiva del Tratamiento de Residuos, la complejidad y el nivel de detalle involucrado en las decisiones operativas es, cuando menos, interesante, y abundante de más consideraciones que en Potabilización.

El Factor de Concentración es, dentro de ellas, una consideración importante al requerir mejorar una OU, o su diseño o evaluación externa, de la mano con las eficiencias de remoción.

Más que el efecto multibarrera en Potabilización, el cual es mínimo en Tratamiento de Residuos, la regla "2 o 3" es sí o sí un criterio importante a primar en todas las OU y/o equipos críticos en el TOU de depuración.

De la mano de ello, las principales OU empleadas:

A)   Tanque de Elevación, cuya definición del TRH y características son muy diferentes a las del de Amortiguamiento, su función es facilitar un nivel de agua funcional para la construcción de cualquier planta depuradora;

B)   Cribado, considerando adicional el desaguado de los lodos gruesos, especialmente cuando el volumen es importante, o el tiempo de almacenamiento previo a su disposición, igualmente lo es;

C)   Desarenado, siendo el más común el separador trifásico, ayudando en el desengrasado y la oxidación de metales;

D)   Desengrasado, soportado desde las obsoletas cámaras de desengrasado, hasta los equipos de media eficiencia, tanto con relleno como por hidrocoalescencia;

E) Amortiguamiento y Ecualización, dos OU que en el común de los casos se hacen en una sola unidad, pero en casos donde el FM y el Q tienen comportamientos diferentes, son dos OU diferentes. En cualquier caso, la mezcla es un factor igual de importante como el TRH;

F) Coagulación / Floculación, analizado tanto los mecanismos de desestabilización de carga iónica, como del barrido y entrampamiento respecto a la coagulación; y las consideraciones específicas del tratamiento de residuos referentes al proceso de floculación;

G) Clarificación Primaria, siendo mucho más común la flotación que la sedimentación, por la carga orgánica presente. Importante considerar los clarificadores lamelares y tubulares.

33.4.   Tratamiento Secundario

Siendo la primera incursión en forma al mundo de la depuración biológica, factores clave siempre a tener en mente son la [MLSS], la F/M, y el TRC.

En general, los sistemas de depuración biológica se clasifican de acuerdo a:

A) Su mecanismo de oxidación: aerobios, anaerobios y secuenciales;

B) El flujo: continuo o por lote;

C) El soporte de la masa biológica: suspendida, adherida, y medio suspendido;

D) Capacidad de carga: alta y baja carga;

E) La relación TRC / TRH: primera y segunda generación.

Conforme estos criterios, se revisan los detalles, parámetros, y principales usos de los tipos de biodigestores principales: Lagunas de estabilización (aerobias, anaerobias y facultativas); RLA tradicional, alimentación o aireación escalonada, mezcla completa y Aireación Extendida; el SBR (por lote); el Filtro percolador (aerobio y anaerobio); el MBBR (media suspendido); el Canal de Oxidación; el UASB y el EGSB; el MBR; y los Biodiscos.

Respecto a la Clarificación Secundaria, sea cual sea el mecanismo de clarificación empleada, un indicador vinculado a la edad del lodo, el SVI, ayuda a indicar la facilidad de separación del flóculo biológico del afluente.

33.5.   Tratamiento Terciario

Enfocado básicamente en dos OU: Filtrado y Desinfección.

El filtrado, si bien puede ser por MF o UF, en el común de los casos es por filtro de anillos o de malla. Es una operación que incide directamente en los costos de desinfección, así como en los subproductos de esta segunda OU.

Respecto a la desinfección, el uso de Cloro, Dióxido de Cloro, UV y Ozono, son los desinfectantes más comúnmente usados. Con ello, mencionar que la DBO se puede reducir temporalmente con desinfectante, ciertamente con repercusiones mayores al entorno receptor.

Cuando existe presencia de contaminantes orgánicos, el Cloro debe superar el Punto de Ruptura para lograr una desinfección efectiva, no sin antes formar CRC, previo al CRL, en un equilibrio que depende del contenido presente de compuestos en la carga contaminante, sobre la Demanda de Cloro.

Precisamente para evitar los problemas posteriores de la desinfección con Cloro, especialmente de la mano del CRC, se hace la Decloración, en una reacción que deriva en la formación de Sulfatos y Cloruros.

Finalmente, respecto a la desinfección con UV, un análisis del consumo energético, entre otros, debe ser parte de las consideraciones a tener en cuenta para la selección del equipo a emplear, el tipo de lámparas, y el tipo de balastos.

33.5.   Gestión y Desaguado de los Lodos

Siendo uno de lo centros de costo más importantes de todo el TOU de depuración, el porcentaje de contenido seco de los lodos presentes, es un factor que impacta directamente las finanzas de toda la planta depuradora.

Tecnología común, respecto al tratamiento de residuos líquidos, es:

A)   Espesamiento por Gravedad, entrega una corriente de lodo concentrado usualmente entre 8 a 12% contenido seco. Importante tener en cuenta el potencial de generación de mal olor en su TCS.

B)   Desaguado por Geomembrana, comparativa a los lechos de secado, es una opción sólo para plantas pequeñas. Importante el potencial de generación de malos olores. A mayor tiempo, lodo más desaguado se logra, incluso hasta 30% a 60 días, dependiendo del tipo de lodo.

C)   Desaguadores de Tornillo, para plantas pequeñas y medianas, ideal con lodos fibrosos, grasosos o con buen flóculo formado. Recomendado al menos 3% de influente, con un efluente concentrado entre 15 a 30%.

D)   Desaguador Centrífugo o Decanter, igualmente para plantas pequeñas y medianas, es más versátil frente a variaciones en la concentración del influente. Recomendado un influente con 2% mínimo de contenido seco, entrega un efluente un poco más desaguado que los de Tornillo (25 a 35%).

E)   Filtro Prensa, logra un mayor contenido seco (30 a 45%). Existen dos variaciones: Los filtros de marco, por lote, pero con mayor concentración de lodo desaguado; y los filtros de banda, desaguado continuo del lodo.

33.6.   Ejercicio de Integración

La prueba del conquistador: un ejercicio de integración del Tomo III y sus precedentes, con un paso a paso para evaluar una planta depuradora con problemas de olor, usando la herramienta WaterWeb. Una buena guía para evaluar una planta depuradora.

34. Resumen del Tomo IV

"Si no eres terco, te rendirás de tus propios experimentos antes de tiempo. Y si no eres flexible, no verás una solución distinta al problema que intentas resolver"

- Jeff Bezos

34.1. Introducción

Y con este, el resumen de un Tomo muy diverso en su temática y esencia, el cuál, más que seguir la secuencia de un TOU, o del crecimiento del conocimiento en espiral, como se ha venido construyendo en los anteriores, este Tomo es más bien un compendio de temas diversos en diferentes áreas que el Responsable y/o el Operador de un sistema de depuración, deben sí o sí conocer.

Si bien muchos temas son la culminación de tópicos que ya se habían tratado de alguna forma previamente para uno u otro tipo de sistema de depuración, la gran mayoría son ciertamente áreas transversales a cualquier planta depuradora, las cuales durante este Tomo se analizan con más rigor y detalle, no hecho antes para no perder el hilo conductor del aprendizaje.

34.2. Matemática Aplicada

34.2.1. Matemáticas en Plantas Depuradoras

Desde la concepción de una planta depuradora, hasta su adecuada operación, múltiples son los cálculos matemáticos que se deben dominar, siendo, dentro de ellos, los mínimos:

A) *Cálculos de Volúmenes y Conversión de Unidades*: Incluyendo el cálculo de los 4 tipos más básicos de contenedores (rectangular, cilíndrico, lagunaje, y canal de oxidación), y la conversión de unidades entre los dos sistemas más comunes (el Sistema Internacional -SI- y el Anglosajón).

B) *Flujo Volumétrico, Aportes y Velocidad*: La determinación adecuada del caudal es vital en cualquier sistema de depuración, así como la velocidad es el parámetro crítico en la selección adecuada del diámetro de tuberías.

C) *Población Equivalente*: Empleado tanto para comparar plantas, como, frecuentemente, para estimar el impacto de las descargas industriales a los sistemas de depuración domésticos.

D)   *Concentraciones*: Siendo las más comunes: mg/L, ppm, %P, %V, y %P/V; permiten determinar y cuantificar la presencia de sustancias en el afluente.

34.2.2.   *Matemática Financiera*

Teniendo en cuenta el que, desde el Tomo I, se ha argumentado que la depuración es más que evaluar aspectos técnicos, sino también financieros, es muy importante conocer al menos los aspectos básicos de la Ingeniería Económica:

A)   *Tasa de Corte*: Tasa de Interés, o Tasa de Descuento, las cuales, aunque numéricamente sirven indistintamente, su significado es diferente, siendo que, lo común entre ellas, es que reflejan el valor del dinero en el tiempo.

B)   *Equivalencia, Valor Presente y Futuro*: Cálculos que nos permiten traer a Valor Presente (o al momento actual, usualmente cuando se realiza la inversión inicial) flujos de efectivo que se realizarán en el futuro, articulado en su equivalencia.

C)   *Anualidad*: Llevar a Valor Presente un flujo de efectivo constante en una serie consecutiva de períodos.

34.3.   Química

Siendo que, en plantas muy chicas, el conocer la química de la depuración es más bien interesante, conforme la carga contaminante aumenta y su variabilidad es mayor, se vuelve indispensable comprender como mínimo los conceptos y fundamentos básicos:

A)   La Tabla Periódica y su conformación en Períodos y Grupos.

B)   Valencia y Estado de Oxidación, o número de electrones que se puede o se comparten al momento de reaccionar o formar un enlace químico.

C)   El átomo, la molécula y el mol, y la Estequiometría: conceptos que, junto con las ecuaciones y reacciones en una transformación química, permiten determinar cantidades de reactantes o productos.

D)   Rendimiento y Solubilidad, siendo que precipitar el contaminante o producto no deseado es ideal para su remoción y maximizar la eficiencia de la reacción química, la Constante de Solubilidad, Kps, es de vital ayuda; y junto con ella, el dominio de las Reglas de Solubilidad.

E)   Pérdida del Cloro Disponible, analizado para ejemplificar el otro mecanismo de maximizar el rendimiento de una reacción: insolubilizar un producto de la reacción vía la formación de gas.

F)   Riesgos Ocupacionales intrínsecos al manejo de los químicos empleados en las plantas depuradoras, especialmente en su forma concentrada.

34.4. Fluidos

34.4.1. Hidráulica

Enfocado principalmente en los conceptos y términos vinculados al bombeo y la mezcla, incluyendo:

A)   Conceptos y Propiedades de los Fluidos: considerando tanto la Presión ejercida por una columna del fluido, y el efecto de la Densidad Relativa; la Cabeza Dinámica Total y sus componentes -CE, CF, y CV-; el Teorema de Bernoulli y la conservación de la Energía; el cálculo de Pérdidas por Fricción en sistema en serie y en paralelo; y las principales propiedades del agua a las temperaturas operativas en las plantas depuradoras.

B)   Los Parámetros Adimensionales más utilizados en las plantas depuradoras: Reynolds -Turbulencia-; Froude -Crítico-; y Euler -Cavitación-.

34.4.2. Bombeo y Mezcla

Analizando primero los equipos de bombeo, considerado desde los Tipos de instalaciones, y la compatibilidad química, hasta los tipos de bombas y sus particularidades:

A) Bombas Centrífugas (las curvas de las bombas, los tipos de impulsores, y la cavitación), son el tipo de bombas empleadas para movilizar el afluente;

B) Bombas de Desplazamiento Positivo, tanto las dosificadoras de químicos como las de impulsión de lodos.

Y la estimación del requerimiento de mezcla:

A) Energía Disipada (Gradiente de Velocidad), principalmente para Coagulación y Floculación;

B) El Empuje (agitadores sumergibles), en grandes volúmenes, principalmente homogenización y biorreactores;

C) Los Mezcladores Hidráulicos (salto hidráulico), especialmente para mezcla de químicos en muy grandes aplicaciones.

34.5.   Microbiología

34.5.1.   El Reino Microbiano

Con los conocimientos básicos vinculados a los microorganismos vinculados a la depuración de las aguas, tanto desde la perspectiva de carga contaminante, como de aquellos encargados de la biodigestión. Incluyendo:

A)   Tipos de Microorganismos y sus principales características (desde las bacterias hasta los Gusanos);

B)   Crecimiento y reproducción de los Microorganismos, y clasificación de estos, conforme el entorno en el cual realizan la digestión;

34.5.2.   Microorganismos Aerobios

La Biomasa de los digestores aerobios, considerando:

A)   Los Factores Ambientales con mayor incidencia: sustrato y nutrientes; temperatura y pH; nivel de Oxígeno; presencia de tóxicos, o grasas y aceites; así como los parámetros operativos propios de cada tipo de digestor.

B)   Los microorganismos presentes y sus diferentes roles: bacterias, hongos, protozoos, rotíferos, y los invertebrados más complejos (nemátodos y otros).

C)   Los principales problemas de clarificación y formación de espumas, sus causas, el efecto producido en los digestores, y formas de como corregirles.

D)   Bioindicadores, en dos niveles conforme el tamaño de la planta y la generación de lodos biológicos: desde los protozoos y rotíferos presentes, hasta los tipos de bacterias y los filamentosos presentes.

34.5.3.   Microorganismos Anaerobios

Un tema que será complementado en el Tomo V. A diferencia de los reactores aerobios, donde muchos microorganismos forman parte de la biomasa, en los anaerobios básicamente son sólo bacterias, lo que les hace más sensibles.

Conforme las condiciones del entorno, también los productos de la digestión; de la mano de las 4 etapas dentro del metabolismo anaerobio: Hidrólisis, Fermentación, Acetogénesis, y Metanogénesis.

Los principales parámetros que más inciden en dichas etapas son: el ORP; la Temperatura; el pH y la Alcalinidad; y la presencia y equilibrio entre los Macro y Micro nutrientes, y los compuestos tóxicos, presentes en el influente, o generados como subproductos de la biodigestión.

34.6. Electricidad

Conocimiento que sí o sí debe tener el operador de cualquier planta de tratamiento, identificando a lo menos los Términos Eléctricos básicos (Voltaje, Resistencia, Corriente, Potencia y Frecuencia); y los Tipos de Corriente (Directa y Alterna; o Mono y Trifásica, específicamente para la Corriente Alterna).

Así mismo, y con ello, comprender lo básico de los motores eléctricos, y como los Variadores de Frecuencia y el Factor de Potencia puede llegar a tener fuerte incidencia en sus costos operativos.

Finalmente, el operador debe conocer, y se debe integrar en su programa de formación, los principales aspectos de seguridad ocupacional vinculados a los riesgos eléctricos.

XX. RENTABILIDAD AMBIENTAL

35. De los Desechos a la Rentabilidad

"Usted es libre para hacer sus elecciones, pero es prisionero de las consecuencias"

- Pablo Neruda

35.1. Dicotomía Ambiental

Hace ya mucho tiempo escribí un blog relacionado justo a este tema del tratamiento de residuos y como pasar del gasto a la generación de ingresos (https://www.solucionesgtec.com/Bloggy.php?Bl=200514).

Siempre me ha encantado el caso de Alemania, como país, desde que lo conocí. Hace unas cuantas décadas, uno de los países más contaminados del mundo. Hoy día, uno (si no el principal) de los líderes en la protección al medio ambiente, ejemplo claro de respeto y cuidado por el entorno.

Por supuesto, hay muchas lecturas de ello y del porqué de ese cambio, pero coincidentemente, hoy día, Alemania es uno de los líderes en exportación de tecnología ambiental del mundo: desde equipos hasta ingeniería para el control de contaminantes, o soluciones ecoamigables para la energía y protección del ambiente. Y con ellos, Europa detrás… Mejor medio ambiente, y más riqueza…

En el medio ambiente existe siempre esa dicotomía:

O seguir peleando contra los costos cada vez mayores de depuración, fuertemente presionados por regulaciones más exigentes, acuerdos y certificaciones más restrictivas, clientes más informados, comunidades más empoderadas, medios de comunicación masiva que andan con mucho menos reparo detrás de las organizaciones buscando evidenciar sus fallas, especialmente las ambientales;

O "cambiamos de lentes" y empezamos a ver el medio ambiente como una fuente gigante de ingresos, capaz de impulsar la rentabilidad de cualquier organización siempre y cuando esta sea coherente y consistente en el tiempo en su respeto al entorno, transformando sus residuos en recursos, y su gestión en su distinción de marca corporativa.

Por supuesto, tal cual dijo Neruda, la elección es libre y tú puedes seleccionar cualquiera de los dos caminos. Pero lo que no puedes elegir son las consecuencias de tu elección: sembrar es opcional, cosechar, obligatorio.

Así entonces, este Tomo V, último de la serie, a diferencia de los anteriores, se enfoca más bien en mecanismos para avanzar precisamente en ese segundo camino: medio ambiente e ingresos.

35.2.   Dos Caminos, Dos Enfoques

Es no menos que fascinante esa escena de "Alicia en el país de las maravillas", de Lewis Carroll, donde Alicia precisamente avanza hasta alcanzar una encrucijada con varios caminos, y en ella aparece el Gato de Cheshire. Al verle, ella le pregunta "¿Qué camino he de tomar?", a lo que el gato le responde "Eso depende mucho del lugar adonde quieras ir. Si no sabes adónde quieres ir, no importa qué camino sigas".

Muchas personas en el mundo, demasiadas me atrevería a decir, andan por la vida como Alicia: preguntando por un camino sin cuestionarse el destino.

Y por supuesto, con ello, millones de fórmulas que ofrecen soluciones especializadas de como lograr avanzar, pintando el camino de los colores más vividos y vistosos; sin cuestionar las metas. Estudios, trabajos, forma de vida, sociedad, hasta incluso donde o cómo vivir, son vanos si no están fundamentados en la aspiración personal real, una aspiración que debiese ser un deseo claro del sueño de vida.

Pero claro, tener una meta bien definida viene de la mano con un costo: renunciar a los otros caminos que no conducen a dicha meta. Y renunciar en nuestro cerebro… no no… no tiene cabida. Desde chicos nos han enseñado que más es mejor, y menos es peor. Y renunciar, ser selectivo, viene con menos… Es algo que cuando menos, suena difícil y problemático.

En ocasiones imparto igual cursos de Alta Gerencia, en temas desde liderazgo estratégico hasta indicadores de gestión, y les hago dos preguntas para partir el programa: (i) ¿Quiénes quisieran lograr en vida lo que hizo Steve Jobs? Por supuesto, todos levantan la mano, incluso algunos entusiastas hasta se escapan a poner de pie para demostrar su admiración y deseo… Y la verdad que mucho de la realidad como le conocemos al momento de escribir el presente, es gracias a su visión y empuje. Admirable sencillamente.

Pero junto a ello, la siguiente pregunta: (ii) ¿Quiénes están dispuestos a sacrificar hasta a su familia para alcanzar esa meta? Y ahí la cosa cambia… Si vemos su biografía, es fuerte las decisiones de renuncia que tomó en muchos aspectos de su vida.

Lograr ser punta de lanza implica romper y avanzar, pero también implica renunciar y sacrificar. Lograr ser punta de lanza depende de la claridad de la visión y la meta, de la definición de que sí queremos que esté ahí, y en especial, que es lo que no formará parte del trayecto.

Y por supuesto las plantas depuradoras no son la excepción. O apostamos por el camino del gasto, o de la rentabilidad... Pero no por ambos. En el medio no hay premio para nadie, sólo desgaste de recursos.

Y dentro de la rentabilidad, dos enfoques: o se trata de generar ingresos, o de reducir costos contra la situación actual. Si bien el primer enfoque es, en teoría, el único que es válido como rentabilidad propiamente tal (como veremos, tiene sus trampas en términos prácticos); pero también, por otro lado, tener mucho menos costos que la competencia es una forma de maximizar la rentabilidad, no propiamente de la planta depuradora, pero si de la organización como conjunto. O aumentamos los ingresos, o bajamos los egresos: ambos aumentan el margen.

Cuenta la historia que dos excursionistas, quienes estaban caminando en medio del bosque, divisaron a lo lejos un oso enorme, hambriento, que venía hacia ellos. Uno de los caminantes, al darse cuenta del oso, corrió lo más pronto que pudo. El otro, se sentó a cambiarse sus pesadas botas por unas zapatillas especiales para correr, tirando cuanto peso pudo descargar.

El excursionista que ya llevaba ventaja respecto del que se quedó en los preparativos, le grita desde la distancia: "Pero ¿qué haces? ¿En verdad crees que vas a correr más rápido que el oso?". A lo que el corredor con zapatillas especiales, quien ya empezaba a correr y acortar la distancia con su compañero de viaje, le responde "No es al oso al que planeo ganarle..."

Rentabilidad, mi estimado, generalmente no es cuestión de ganarle al oso de la globalización y los grandes cambios mundiales, al oso de las exigencias ambientales y comunidades más empoderadas, al oso de los medios amarillistas y clientes exigentes... es cuestión de ganarle a la competencia. Y que el oso se entretenga con alguien más.

XXI. EL CERO Y UNO DE LA REDUCCIÓN DE COSTOS

36. Automatización y Sistematización

"La mejor forma de predecir el futuro es creándolo"

- *Peter Drucker*

La reducción de costos tiene mucho más allá que considerar que el simple comparativo del valor inicial o precio de compra de los activos y consumibles de las plantas depuradoras. Ese valor, como hemos visto a lo largo de los Tomos anteriores, es, si alcanza siquiera a serlo, la punta del iceberg; y te recuerdo que precisamente fue un iceberg el que hundió al Titanic, en su arrogancia de sólo considerar lo que se veía superficialmente.

Analizar y avanzar en la reducción de costos implica, adicional al valor inicial, tomar en consideración, como mínimo, el costo de instalación; el costo de energía y disposición de lodos; costos de químicos, mano de obra y otros costos operativos asociados; el costo de mantenimiento, reparación y reposición de activos; pero por sobre todo, dos costos invisibilizados, asociados al riesgo, vinculados a la presente sección:

A)   El costo de paro: Si la planta depuradora falla y debe parar, cuál es la magnitud de los costos asociados al período de paro. Esto es, en el caso de una potabilizadora o depuradora de residuos domiciliares, al no poder brindar el servicio esperado a los usuarios, cuáles son todas las implicaciones financieras vinculadas, mientras no se brinda el servicio. O en el caso de una depuradora de residuos industriales, y al parar el tratamiento debe parar el proceso productivo asociado a la carga ingresando al influente, qué costos se tendrán asociados al proceso de paro, stand by, y posterior reinicio de operaciones.

B)   El costo ambiental: Si la planta depuradora falla, cuáles son los costos asociados a cualquier daño al entorno. Esto es, desde un efluente mal depurado con carga contaminante fuera de parámetro, hasta las implicaciones asociadas por un derrame de los químicos empleados en la depuración, o de los lodos generados en el proceso de tratamiento, o hasta por los malos olores inesperados ocasionados por una falla de un equipo.

Por supuesto, estos dos últimos costos pueden llegar a ser, pero por mucho, los costos más altos asociados al proceso de tratamiento.

A lo largo de la serie de libros, en los diferentes Tomos, hemos visto varios enfoques propios de cada planta, asociados a la prevención de estos costos: desde el efecto multibarrera hasta la regla "2 o 3", entre los diferentes mecanismos.

Si bien la sistematización y digitalización de los sistemas de tratamiento también pueden llegar a tener un fuerte impacto en la reducción de los costos de inversión, operación y mantenimiento; pero por sobre todo, su mayor impacto debe verse asociado a la reducción de las implicaciones asociadas al riesgo.

36.1. Automatización y Sistematización

Si bien son dos palabras que perfectamente pueden ir juntas en el mundo de la depuración, para efectos de este Tomo les vamos a separar en dos estrategias diferentes de reducción de los costos.

Y con analizar cada una por aparte, identificar sus ventajas y desventajas, y cuando es más conveniente inclinarse por una u otra estrategia. Muy importante señalar que la forma en la que se hará esta distinción no es ni por cerca universal, sino más bien, una propuesta particular que facilita su aprendizaje y comprensión, exclusiva de este Tomo.

Automatización, le definiremos entonces, es cuando completamos ciertos procedimientos o procesos por medio de instrucciones programadas, usualmente combinadas con un control de la retroalimentación, para evaluar la adecuada ejecución de las instrucciones. Gráfico XXI.1.

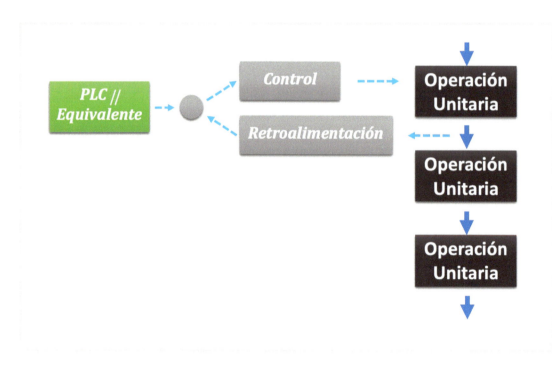

Gráfico XXI.1: Automatización

La clave en el proceso de Automatización es, tal cual le entenderemos, un bucle de control y actuación sobre una o más operaciones unitarias, partiendo de la programación preestablecida del controlador (usualmente un Programador Lógico Controlable -PLC-). Por supuesto, el bucle será tan eficiente como dicha programación sea, y la cantidad de sensores -retroalimentación- y actuadores involucrados -control-.

Sistematización, por el otro lado, le entenderemos como el procesamiento analítico de una o más Operaciones Unitarias, usualmente combinado con mecanismos de control, de los datos generados en tiempo real, por un procedimiento informatizado, auxiliado de algoritmos de inteligencia artificial y/o gestión de datos. Cuando la sistematización es tan completa que logra replicar en digital, la Operación Unitaria sujeto, es lo que se conoce como "Gemelo Digital". Gráfico XXI.2.

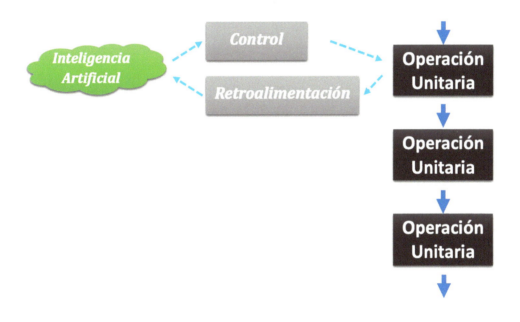

Gráfico XXI.2: Sistematización

La clave en el proceso de Sistematización es, bajo este contexto, digitalizar más que un bucle de control, la misma operación unitaria, integrada a una programación flexible, adaptativa, procesada frecuentemente por servidores "en la nube". El enfoque cambia desde pensar en tener la mayor cantidad de datos en tiempo real -intensivo en sensores- a buscar procesar la mayor cantidad de registros ingresados -intensivo en procesamiento de la información- que permitan afinar las directrices dinámicas de actuación.

La Sistematización, pues, se articula en dos grandes ejes relacionados al volumen de datos: capacidad de procesamiento; y capacidad de transmisión. Ahí es donde entra la Inteligencia Artificial (específicamente Machine Learning), y el internet (Cloud Computing).

36.2. Escalas de Automatización

Por supuesto que en las plantas de tratamiento existen diferentes niveles de automatización, e incluso combinaciones entre ellos; sin embargo, los niveles más altos de automatización hacen sentido financiero en plantas grandes o medianas, digamos arriba de los 100 m3/h, por el valor de la inversión inicial (automatizar no tiene sentido si no va de la mano con la suficiente eficiencia financiera que justifique la inversión).

Así, entre los diferentes niveles o escalas de automatización definiremos:

36.2.1. Automatización Rígida

De hecho, el único tipo de automatización que existió a mediados del siglo pasado, y el más usado hasta casi mediados de los 70s.

Es un método de automatización usando "cableado": un flotador de nivel que activa o apaga un equipo de bombeo es este tipo de automatización (cuando llega al nivel bajo, el mecanismo hace contacto en dos terminales, haciendo puente eléctrico cuya respuesta en el tablero eléctrico es apagar la unidad por medio del contactor; mientras que, en el nivel alto, la inclinación del flotador genera puente en otro par de terminales, encendiendo la unidad por el paso de corriente en otro sentido).

La automatización rígida está vinculada, hoy día, en plantas depuradoras, a sensores digitales, sensores cuya entrada o salida es cero o uno, no hay paso de corriente o si la hay.

Es el mecanismo más común en las plantas chicas (abajo de los 50 m3/h), pues su implementación suele ser de muy bajo costo.

Comúnmente vinculadas a caudales, volúmenes y temporizadores, para activar o desactivar equipos: bombeo, mezcla, barrido de lodos, entre otros; pero también a las protecciones tanto eléctricas (al subir el amperaje, por ejemplo) como de temperatura (al sobrecalentarse la bobina) de los motores empleados en las plantas.

36.2.2. *Automatización Flexible*

Tras el ingreso de los PLC a finales del siglo pasado, la historia cambió en la industria de la depuración: la automatización empezó a realizarse tanto con hardware como con software, algoritmos que pueden programarse y reprogramarse sin ningún problema, y cuántas veces se requiera, sin tener que cablear de nuevo el sistema.

Las grandes ventajas de los PLC, comparado contra las computadoras de uso general, es su inmunidad al ruido eléctrico, mayor resistencia a un entorno agresivo, y la capacidad de interactuar con una gran cantidad de señales de entrada – "I", de Input o entrada - y salida – "O", de output, o salida -, las cuales pueden ser digitales (0 ó 1) o analógicas (comúnmente 4 a 20 mA, lo que permite gradualidad de interacción -por ejemplo, en un tanque cuyo nivel varía en el tiempo, con un sensor analógico al cual se le ha asignado 4 mA al nivel mínimo, y 20 mA al nivel máximo, cuando indique 12 mA estará identificando que el nivel está en el punto medio -50%- entre el mínimo y el máximo, o, por otra parte, cuando entregue como salida 16 mA identificará que el nivel está al 75% respecto del máximo-).

Conforme la planta aumenta en tamaño y complejidad, aumenta la cantidad de señales utilizadas. Mientras una planta de tratamiento de residuos industriales con un caudal de entre 50 a 200 m3/h puede usar entre 7 a 30 I/O (entradas / salidas) digitales y 4 a 20 I/O analógicas, conforme aumenta el caudal y la carga contaminante, puede incluso requerir 3 o 4 veces esa cantidad de señales, aumentando la cantidad de señales I/O en una planta conforme aumenta el nivel de automatización. Muy frecuentemente, adicional a las señales que se comunican con la planta, existe una pantalla -HMI- donde el operador puede revisar el funcionamiento de la planta, e incluso cambiar los valores de algunas variables preconfiguradas.

Ciertamente el nivel de inversión aumenta conforme más se automatiza la planta, siendo el requerimiento entorno al 20-30% el costo del PLC y la programación, mientras que el 80-70%, corresponde al costo de los sensores y/o los actuadores.

Por supuesto, los sensores analógicos son por mucho más caros que los digitales, por lo que se debe analizar bien el requerimiento de cada uno, y si es que no puede ser realizada la función por uno digital.

Un proyecto de automatización siempre debe analizarse su rentabilidad directa en un plazo no mayor a 2 años, considerando el valor de la inversión inicial, y el estimado de ahorro mensual esperado.

En la medida que incrementa el valor de la inversión, o, en el otro extremo, el ahorro de la reducción de riesgo, deberá incluirse en el análisis otras consideraciones, como el costo de calibración, mantenimiento y/o reemplazo de sensores, el ahorro asociado al riesgo, y los ahorros asociados al mantenimiento (como por ejemplo, el partido suave de los motores).

36.2.3. Sistemas SCADA

A principios de este siglo fue el apogeo de los sistemas SCADA, con muy marcada tendencia en las plantas de gran tamaño.

SCADA es una sigla en inglés que significa Supervisión, Control y Adquisición de Datos. Un nombre bonito y muy comercial para indicar que el PLC se puede comunicar a un computador, con un software adhoc a la planta, bajo el cual se puede gestionar la planta depuradora, almacenar y visualizar el comportamiento histórico, pero también visualizar y comunicar adecuadamente las alarmas del sistema.

Los sistemas SCADA fueron impulsados principalmente por el apogeo de las computadoras y la capacidad de almacenamiento de información. Requiere de un PLC que tenga la capacidad de reunir las señales I/O, y comunicarse con el computador, por medio de una red privada.

Muy pocos sistemas SCADA automatizan la operación más allá que la programación misma del PLC; más si puede el operador, desde el terminal, ejercer la función de control más que solo de monitoreo (es decir, puede cambiar variables predefinidas para su manipulación).

Por supuesto, al igual que en el caso anterior, la efectividad de la automatización en la reducción del riesgo, y el ahorro de costos, viene de la mano tanto de la cantidad de sensores y actuadores disponibles; como de la pericia y conocimiento de la ciencia detrás de la depuración plasmada en las líneas del programa; y, en menor grado, del operador, en la medida de lo posible conforme la cantidad de variables abiertas para su modificación por éste y su entendimiento de los impactos al modificarlas.

Los sistemas SCADA pueden ser, por supuesto, propios de una Operación Unitaria, o de todo el Tren de Operaciones Unitarias. Hoy día, eso sí, existen muchos sistemas SCADA de fabricantes de equipos, los cuales frecuentemente son ofrecidos más bien como un beneficio extra por la preferencia hacia su marca. Algunos de ellos, con la capacidad de ser controlados incluso desde cualquier dispositivo inteligente, incluyendo los teléfonos.

Para el común de los casos, la comunicación entre el PLC y el dispositivo donde se aloja el SCADA es directa (sea cableada, o por medio de conexiones VPN -redes privadas virtuales-).

36.3. Escalas de Sistematización

La Sistematización (o la Digitalización en la nube) de los sistemas de depuración es un proceso que si bien inició tímidamente en el ámbito industrial desde la última década del siglo pasado, en el mundo de la depuración, al igual que en muchos ámbitos del que hacer humano, ha tomado mucha fuerza más bien en los últimos diez años; esto de la mano con la actual enorme capacidad, y en constante aumento, de transmisión de datos sobre internet, articulado con la exponencial capacidad de almacenamiento y procesamiento de la información de los servidores informáticos en la nube.

Por supuesto, igualmente hay diferentes escalas, siendo estas más bien definidas por temas de ejecución, que de financiamiento:

36.3.1.   *Gestión de Datos*

Hace ya un buen tiempo atrás, las bases de datos se gestionaban en redes privadas y cerradas. Internet transformó todo aquello.

Mucha de la información de las grandes plantas depuradoras es gestionada en servidores conectados por medio de internet, cuyos datos son ingresados tanto por los diferentes usuarios de los diferentes departamentos directos e indirectos vinculados a las estaciones depuradoras, como por los PLCs de los sistemas de automatización.

A diferencia de la Automatización, la Sistematización abarca la gestión de datos en las diferentes áreas vinculadas: desde la gestión del personal (turnos, notificaciones y comunicación, gestión de KPIs, etc.); inventarios (requisición de químicos, gestión de inventarios, control de dosificación, etc.); documentación (manual del sistema y los equipos, MSDS y Ficha Técnica de los químicos, procedimientos de emergencia, etc.); monitoreo y control (registro de análisis y parámetros, programa de medición y responsabilidades, etc.); mantenimiento (requerimiento de mantenimientos a equipos y activos, mantenimientos practicados, programa de mantenimiento, etc.); entre muchos otros registros, por supuesto, además de los operativos propios del sistema, conversados en la Automatización (caudal, temperatura, oxígeno disuelto, nivel, etc.)

La pregunta que me imagino tienes justo en este momento es ¿Y para qué se necesita tanta información para un sistema de depuración de carga contaminante?

Y la respuesta es sencilla -que suerte que justo tenías esa pregunta, ¿cierto?-: a más información, mejor la toma de decisiones.

Si sabes los 8 números del ticket ganador de la lotería, es solo comprar dicho ticket y eres millonario, ¿cierto? Pero si no lo sabes, y sí conoces 7 de los 8 números, evidentemente tu probabilidad de ganar es mucho mayor que aquel que solo conoce 1 de los 8, o del resto de nosotros, los simples mortales, que no conocemos ninguno. A más información, mejor toma de decisiones: traducido a nuestro lenguaje, menores costos, o mayor efectividad y eficiencia técnico financiera.

Pero el tema de la gestión de datos es mucho más que sólo toma de decisiones basada en datos: es la toma de decisiones oportuna.

Y esto enfocado principalmente a los costos asociados al riesgo. No una sino muchas veces, al practicar auditorías a sistemas de depuración, y tras solicitar el registro de incumplimientos en el efluente (información básica y crítica que debiese estar completamente accesible y analizada al día, con actuaciones realizadas conforme corresponda), se puede apreciar que de muchos de los incumplimientos identificados, no se practicaron las medidas correctoras pertinentes, no por intención, sino más bien, porque la persona adecuada nunca se percató cuando era oportuno y pertinente.

Y ni qué decir cuando, por situaciones particulares de un momento específico, los costos se elevaron en uno u otro período, y ante la incapacidad de análisis de las causas reales en tiempo real, simplemente se terminan asumiendo sin mayor injerencia de los responsables.

La ventaja de usar sistemas web radica en el hecho que hoy día es muy difícil que alguien no pueda acceder a internet, desde un computador hasta un celular. Y a diferencia de los sistemas en hojas electrónicas o redes privadas, con bases de datos montadas en plataformas web, la información está asegurada (no se puede borrar o editar por accidente), es pública y personal entre los usuarios (no se puede argumentar que no se tenía conocimiento, pues está disponible para cada uno de los involucrados, conforme sus niveles de acceso personales), y es actualizada (una vez la persona responsable le actualiza, desde donde sea que se encuentre, incluso desde el otro lado del mundo, todos los involucrados tienen acceso a la última versión disponible en fracciones de segundo).

36.3.2. *Inteligencia Artificial*

Información no necesariamente significa conocimiento.

Aún cuando, por ejemplo, muchos tienen acceso a sus mediciones de la caracterización del influente y efluente, saben su caudal, e incluso tienen acceso a los diferentes componentes de sus costos operativos, muy pocos pueden responder algo tan básico como ¿Cuánto cuesta el Kg de DBO reducido? ¿O el Kg de ST reducido?

Incluso, en grandes empresas distribuidoras de agua potable, muy pocas pueden dar cuenta del costo por m3 de agua bombeado de una a otra marca de equipos de bombeo, que de soporte para las nuevas compras de unidades.

Conocimiento significa poder integrar la información, de tal forma que, una vez procesada, la respuesta sea evidente: Si un operador sabe, a partir de procesar el comportamiento histórico de la unidad depuradora, que para cierto tipo de influente, la adecuada operación de la planta debiese ser entre ciertos parámetros; o que a partir de dicho procesamiento incluso puede identificar cuando una dosificación está por encima de lo ideal, entonces no sólo se vuelve más fácil el control de la planta, sino también, más eficiente, con menores costos ¿cierto? Y entonces, ¿por qué no lo hace?

Nuestra capacidad de almacenamiento y procesamiento de datos es limitada para este tipo de análisis. Pero para alguien si es fácil: Las computadoras.

El uso de potentes computadores que procesan la información, usando algoritmos especializados, intercomunicados con las plantas depuradoras por medio de internet, es lo que está impulsando la penetración cada vez mayor de la Inteligencia Artificial -IA- en los sistemas de tratamiento.

Una de las ramas de la IA, la más empleada en los sistemas de depuración, se llama *Machine Learning* (https://es.wikipedia.org/wiki/Aprendizaje_automático) -ML-, o aprendizaje de máquina.

Su forma de aprendizaje no dista mucho de como un niño aprende a caminar: observa y experimenta. Al principio, cuando la experiencia es muy poca, los pasos son en extremo vacilantes, con fuertes caídas y errores, y con ayuda de los padres. Conforme la experiencia se incrementa, el sistema se robustece, y los primeros pasos certeros aparecen. Luego es la nada misma para pasar desde un andar lento pero seguro, hasta el poder correr.

La máquina hace un poco lo mismo, auxiliándose con algoritmos que facilitan procesar la experiencia (datos históricos), tanto a partir del auxilio de un tercero que le indica que sí y que no es correcto, como a partir del procesamiento de la información para desarrollar la mejor conjetura de como clasificar un dato. A mayor experiencia, mayor certeza y validez en los resultados del procesamiento.

El ML se utiliza, en los sistemas de depuración, brindando, desde el soporte al operador sobre la óptima configuración de variables y parámetros, o validando los resultados de caracterización del afluente en cierto punto, hasta la operación completa de una planta depuradora.

Su gran ventaja sobre la Automatización radica en que el sistema aprende en sí mismo, y no depende de una programación estructurada. Es decir, más que el depender del que el programador tenga pericia y conocimiento sobre modelación de las ecuaciones y fundamentos que gobiernan al interior de una Operación Unitaria específica, el sistema "aprende" sobre como al manipular determinadas variables se obtiene mejores resultados, con soluciones específicas para la planta depuradora sobre la cual se tiene la experiencia.

Esto conlleva a dos grandes ventajas sobre sus predecesores: (a) El sistema se vuelve mucho más adaptativo a los cambios que se puedan ir dando en el efluente que una programación rígida; y (b) Se requiere de muchas menos señales I/O para controlar un sistema (y con ello, una solución mucho más barata).

36.3.3. Machine Learning y Gestión de Datos Integrado

Por supuesto, de la mano con la inversión inicial requerida, el avanzar en un sistema integrado de ML y Gestión de Datos, especializado en plantas depuradoras, hasta hace unos años atrás, eran soluciones para plantas muy grandes, que pudiesen justificar desde el ahorro de sus costos, una iniciativa de estas, en forma rentable.

El avance en el ancho de banda y la capacidad de transmisión de datos sobre internet, está impulsando una nueva forma de hacerlo: sistemas web adaptativos que integren la matemática y ciencia de la depuración de carga contaminante, bases de datos especializadas en depuración de aguas, con algoritmos de inteligencia artificial aplicado al mundo del tratamiento, y por supuesto con la disponibilidad 24x7 de la web. WaterWeb, la herramienta digital usada en muchos de los Ejercicios a lo largo del presente, es uno de estos sistemas web (https://waterweb.app/#whwh). Durante el desarrollo de los mismos usamos en forma básica sólo una de las múltiples herramientas disponibles, la matemática de la depuración, siendo que WaterWeb es mucho más.

Las grandes ventajas:

Tanto puede ser alimentada la información por operadores y usuarios de las diferentes áreas vinculadas a la depuración, como directo por sensores y actuadores, de la mano con el tamaño de la planta y la justificación financiera para más o menos sensores.

Independientemente como se alimenten los datos, la información se va procesando en tiempo real; brindando desde guías para la adecuada operación del sistema, alarmas comunicadas de inmediato y por correo a las personas correspondientes, hasta reportes gerenciales de desempeño; todo a un clic de distancia, y siempre con información actualizada, lo cual conlleva enormes ahorros operativos y reducción del riesgo.

Al gestionarse desde la web en intranet privada, no requiere invertir en potentes equipos capaces de procesar grandes volúmenes de datos, ni en desarrollo de complejos software especializados; sino más bien, la contratación de un servicio mensual, a una fracción menor de los ahorros mensuales obtenidos.

En general, la experiencia documenta ahorros que van desde el 20% hasta incluso el 40% o más, tras implementar sistemas como estos en las plantas depuradoras.

36.3.4.   *El Gemelo Digital*

El avanzar en una réplica virtual, a imagen y semejanza de la planta depuradora, con interacción de los datos en tiempo real, analizando con IA lo que la planta misma está "sintiendo y actuando", es lo que se llamaría el "Gemelo Digital de la Planta". Del 2018 en adelante, el crear Gemelos Digitales de muchos procesos y operaciones en la ciencia, el comercio y la industria, fue la tendencia en el mundo digital.

La gran ventaja de contar con un Gemelo Digital es que se pueden detectar problemas anticipadamente, resolviéndolos mucho más rápidamente, prediciendo virtualmente lo que pasará en el mundo físico; y con ello, mejorar significativamente los procesos críticos.

En el mundo de las aguas, los Gemelos Digitales están empezando a integrarse, pero principalmente en la distribución de agua potable. En un par de años más, conforme se vaya popularizando en diferentes campos, se espera ingresará con fuerza en las plantas depuradoras.

36.4. Ventajas de la Digitalización

Son muchas las ventajas de avanzar en la digitalización de las plantas de tratamiento de aguas:

• Optimización de la planta en consumos, resultados y eficiencias, con ahorros en costo que pueden llegar (por supuesto, dependiendo del estado inicial) hasta el 70% de los costos operativos base;

• Mayor información para planificación en el mediano y largo plazo, identificando desde las capacidades reales del sistema en su totalidad, hasta datos para la definición de las tecnologías y equipos óptimos para las necesidades puntuales, o las necesidades de cambio, reemplazo o ampliación.

• Reportes y estadísticas generados en línea, con datos en tiempo real, que faciliten la toma de decisiones oportuna.

• Potencia el aseguramiento del cumplimiento de los requerimientos de depuración del sistema, al menor costo operativo.

• Manejo más amigable de la planta depuradora en su conjunto, como de los equipos, con mucha más información accesible para los involucrados.

• Facilidad para realizar mantenimientos predictivos y preventivos, anticipándose a costosos e inesperados paros de la planta, reduciendo entre 10 y 40% los costos de mantenimiento.

• Menos visitas de campo, y las aquellas necesarias, mucho más efectivas.

• Plantas "inteligentes", basadas en información y memoria de acontecimientos tanto normales como anormales, que inciden en su efectividad.

• Respuesta mucho más certera y a tiempo, ante eventualidades, derrames y acontecimientos inesperados, con alarmas efectivas cuando se requieren y para todas las personas pertinentes, no importa donde se encuentren.

• Facilita y vuelve más eficiente la asistencia a distancia de profesionales especializados en la depuración de contaminantes en agua.

36.5. Ejercicios

Problema 36.5.A

Para una planta depuradora de residuos industriales, Don Leo está decidiendo entre automatizarla o sistematizarla. No está seguro qué camino seguir. Ante ello, Don Leo te ha solicitado analizar ambas alternativas, con la esperanza puedas ayudarle a dilucidar cuál de ellas es la mejor opción:

Propuesta A: Automatización del tratamiento primario y secundario de la planta depuradora de afluentes industriales. Se estima que el consumo de químico disminuya en un 25%, y con ello, la cantidad de lodo generado en un 4%. El consumo de energía eléctrica debiese reducirse en un 12% mínimo. Para ello, la inversión requerida es de $37.300, del cual 22% es el PLC y el 78% los sensores requeridos. El desarrollo sería por el departamento de TI del corporativo, quienes estiman en tiempo y mano de obra, un cargo de $5.000 al Centro de Costo de la planta. Adicional a los ahorros manifiestos, se estima una reducción del riesgo de cumplimiento (por infracciones, principalmente) del 50%. Los costos actuales de la depuración se muestran en la Tabla XXI.1.

Propuesta B: Sistematización de la planta depuradora. Se estima poder reducir el consumo de químico en un 35%, y la factura de lodo en un 6%. El consumo de energía eléctrica en un 3%. La inversión se considera, respecto a la Automatización, del 40% en el PLC, y del 25% en los sensores requeridos, con un costo mensual del servicio de sistematización "en la nube", de $450. Adicional a los ahorros manifiestos, se estima una reducción en los costos de mantenimiento y sustitución de equipos del 20%, de mano de obra del 25%, y del riesgo de cumplimiento del 30% y de accidentes en un 10%. Por supuesto, los costos de la depuración son los mismos de la Tabla XXI.1.

Para ambos escenarios, la tasa de corte de la organización es del 0,7% mensual, y el período de análisis, de dos años.

Costos Actuales de la Planta		
Aspecto	**Ciclo**	**Monto ($)**
Químicos	Mensual	12.000
Disposición de Lodos	Mensual	4.200
Energía Eléctrica	Mensual	9.500
Mano de Obra	Mensual	2.400
Mantenimiento y Sustitución	Anual	24.000
Riesgo cumplimiento	Anual	5.000
Riesgo de accidentes	Anual	12.000

Tabla XXI.1: Costos Actuales

Solución:

Para discernir cuál de las dos opciones es más conveniente, se deberá transformar la información brindada, en flujo de efectivo (Tablas XXI.2 y XXI.3), considerando que la tasa de corte es mensual. Con ello, y dado que son sólo dos opciones, evaluar la propuesta "Automatización menos Sistematización", siendo así lo recomendado si el VP es positivo, la de Automatización (tal cual el Problema 22.5.A, pues al ser un proyecto de generación de retorno, el que más genere es la opción preferida).

Importante tener en consideración, al plantear el flujo de efectivo de cada propuesta, que todo lo que signifique Ingreso de efectivo o ahorro sea positivo, y lo que signifique salida de efectivo o egreso, sea negativo.

Ahorros Proyectados

Aspecto	Monto mensual ($)	Ahorro		Diferencia
		Automat. ($)	Sistemat (S)	A - S (S)
Químicos	12.000	3.000	4.200 -	1.200
Disposición de Lodos	4.200	168	252 -	84
Energía Eléctrica	9.500	1.140	285	855
Mano de Obra	2.400		600 -	600
Mantenimiento y Sustitución	2.000		400 -	400
Riesgo cumplimiento	417	208	125	83
Riesgo de accidentes	1.000		100 -	100

Tabla XXI.2: Ahorros A-S

Inversiones y Gastos Requeridos

Aspecto	Ahorro		Diferencia
	Automat. (S)	Sistemat (S)	A - S (S)
Inversión PLC	- 8.206 -	3.282 -	4.924
Inversión Sensores	- 29.094 -	7.274 -	21.821
Inversión Hora Profesional	- 5.000	- -	5.000
Gasto operativo mensual	- -	450	450

Tabla XXI.3: Egresos A-S

Con el flujo de efectivo presentado, se estimará el Valor Presente -VP- usando WaterWeb (https://waterweb.app/WNetW/ClFnzs.php) para las 24 "anualidades" (2 años o 24 meses), y la tasa de corte brindada. Cada anualidad corresponde a la suma de todos los emolumentos mensuales, Ahorros y Gastos, con su respectivo signo ($ -996). El equivalente del flujo de efectivo, traído a VP, de A-S es $ -21.933 (Gráfico XXI.3).

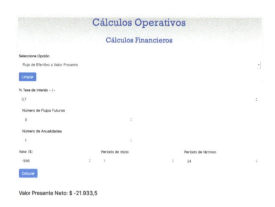

Gráfico XXI.3: Anualidad a VP

A dicho monto (el equivalente de las anualidades de A-S) se le deberá sumar las inversiones, las cuales ya están en VP ($ -31.745), cada cual con su respectivo signo. El VP neto (ingresos y egresos) de "A-S" es de $ -53.678. Esto es, por mucho es mejor avanzar en la Sistematización sobre la Automatización.

La respuesta es: La Sistematización es mucho más recomendable sobre la Automatización, no obstante, ambas son mucho mejores que la situación actual.

XXII. CAMBIANDO A INGRESOS LOS EGRESOS

37.   Rs en los Lodos Generados

"Las oportunidades se multiplican a medida que se toman"

- Sun Tzu

A lo largo de los diferentes Tomos de esta serie de libros, se ha enfatizado mucho tanto en resaltar el aspecto financiero de los Lodos generados en las plantas depuradoras, uno de los centros de costo más importantes; como en las consideraciones que van de la mano con la reducción de los mismos, en aspectos tales como la minimización del uso de químicos, los tiempos de desaguado en los clarificadores, diferentes mecanismos de desaguado posteriores, etc.

Enfoques todos ellos convergentes en la reducción de los gastos asociados a la gestión y manejo de los lodos, y su transporte y posterior disposición. Y junto a ello, la reducción de la huella de carbono y de los impactos ambientales asociados, al disminuir su volumen y cantidad.

Sin embargo, esa es tan solo la primera "R" de los Lodos Generados. Avanzaremos durante el resto de este Tomo, en las otras "R" de los Lodos, previo a la disposición final.

37.1.   Las 4 Rs de los Residuos

También conocido como la Jerarquía de Manejo de los Residuos (Gráfico XXII.1), priorizar las opciones de manejo de los Lodos de una planta depuradora es el punto de partida para transformar esta fuente de egresos, en una interesante fuente de ingresos. Después de todo, los Lodos es algo por lo que se ha pagado (desde que eran parte de la materia prima hasta sus procesos de separación del afluente) pero no se ha sabido aprovechar financieramente.

Muy importante, previo a avanzar hacia cualquiera de las Rs, es contar con una buena caracterización y composición de los lodos, dos conceptos que no deben confundirse.

Mientras la composición es puntual en el tiempo y se determina por análisis de laboratorio -como tener una fotografía en rayos x de lo que sucede-; la caracterización debe ser más bien longitudinal, determinada por balances y, por supuesto, el conocer las variaciones en el tiempo de la fuente generadora -más bien un video, especialmente con proyección de futuro-.

Al igual que con las plantas depuradoras, y en la misma línea, se debe considerar la estacionalidad, proyección de crecimiento, etc., previo a evaluar la composición. Así mismo, al realizar el muestreo para determinar la composición, es crítico identificar las condiciones operativas tanto del influente como de la planta depuradora, permitiendo con ello, proyectar a partir de los resultados del análisis, el comportamiento o caracterización de los lodos en el tiempo.

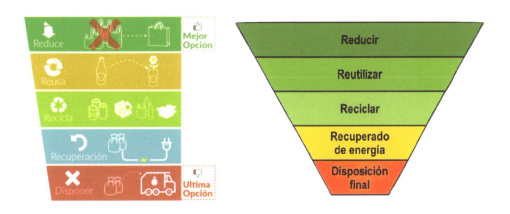

Gráfico XXII.1: Las Rs o Jerarquía de los Residuos

Así entonces, las 4Rs de los Lodos, aplicado al caso de las plantas depuradoras, incluye:

37.1.1.   *Reducción del Volumen y la Toxicidad*

Pareciera ser que es muy poco, adicional a lo expresado antes, que se puede hacer para reducir el volumen o la toxicidad de los lodos generados. Después de todo el principal aporte de los lodos, los contaminantes presentes en el influente, y como tal el Flujo Máximo de los mismos, es parte de lo que se requiere depurar, y como planta de tratamiento hay muy poca injerencia sobre ello ¿estás de acuerdo?

Sin embargo, no es cierto (siempre la trampa detrás de esas preguntas). Pensemos un poco más… ¿Se te ocurren algunas adicionales?

Existen varias medidas a seguir propias del proceso, si se piensa con detalle cada etapa del TOU de depuración, particulares a cada tipo de industria o caso particular. Algunas de ellas serían:

A)   Tipos de OU empleadas: Dependiendo del tipo de proceso de depuración (potabilización, tratamiento de vertidos domésticos o industriales) y la carga contaminante presente en el afluente, el mantener dentro de los máximos de eficiencia por OU (Tomo I), o incluso reducirla, en pro de otros tipos de OU menos generadoras de lodos, podría llevar a una reducción importante en la cantidad y costos asociados a los lodos de la planta depuradora. Igualmente, y junto con ello, algunas OU tienen muy alta eficiencia de depuración, pero son intensivas en generar lodos y/o desechos (por ejemplo, los filtros de cartucho). Por supuesto, priorizar una OU sobre otra es un análisis que debe equilibrar los costos de gestión de los lodos y desechos de la planta depuradora (especialmente cuando la disposición es retirada de la planta generadora); contra las implicaciones financieras de depurar el contaminante en OU aguas abajo, o el uso o preferencia de una u otra tecnología de depuración, y la eficiencia o robustez correspondiente a esta.

B)   *Separación de corrientes*: En la corriente de lodos primarios usualmente existe mayor concentración de sales minerales y sustancias orgánicas de mayor tamaño -cadenas de carbono mayores- que en las secundarias. El lodo de pretratamiento, por su parte, dado que no lleva químicos, puede retornarse al cuerpo receptor sin problema -considerando el marco legal particular-. Sin embargo, dependiendo del tipo de sales minerales presentes en el afluente, los lodos, especialmente los primarios, pueden llegar a ser peligrosos. Así mismo, dependiendo del proceso de manejo o valorización de los desechos, puede ser más conveniente disponer los primarios y valorizar los secundarios, en lugar de mezclarlos y disponer todo. Siempre debe analizarse la conveniencia financiera y ambiental de separar las corrientes de lodos pensando en reducir la toxicidad o el volumen final a disposición (global o de la corriente peligrosa).

C)   *Reemplazo de químicos*: Principalmente cuando los químicos empleados en el proceso de depuración han sido seleccionados por el proveedor. Un análisis detallado de opciones disponibles deberá practicarse, balanceando entre la eficiencia del químico conforme la OU, y las sales formadas en los lodos, de la mano no sólo con el volumen de lodos a gestionar y su disposición, sino también con la toxicidad de la sal separada, y su aporte a los costos de disposición.

D)   *Buenas Prácticas Operativas*: Lo que no se mide, no se puede mejorar. Un registro por operador de la cantidad de lodo generado, mejoras en el manejo de materiales, prácticas de gestión, entre otros, tiende a reducir la cantidad de lodo generado, en ocasiones hasta en un 15%. Junto a ello, políticas y directrices organizacionales vinculadas a la reducción de los desechos sólidos generados por la planta depuradora, incluyendo los envases de los químicos, material de laboratorio, desechables, etc.

37.1.2.   Reuso

Por supuesto para el caso de los desechos generados en la planta depuradora, vinculados no a los lodos y al afluente, sino a la operación, existen múltiples opciones de reuso, siendo aquellas que presentan mayor impacto, las vinculadas a la preferencia de envases de químicos reutilizables y/o retornables.

Respecto a los lodos propiamente tal, son dos grandes corrientes las asociadas:

A)   *Reuso de los químicos*: Tanto para el tratamiento primario como terciario, el uso de procesos de recuperación in situ de los químicos empleados siempre es una opción a analizar, especialmente conforme el consumo de los mismos incrementa, tanto para reducir la factura de químicos como la de lodos. Esto es, cuando los químicos han sido adecuadamente seleccionados, especialmente los de coagulación, a través de una OU específica para ello y las adecuadas reacciones químicas, se puede regenerar incluso hasta un 90% de los coagulantes empleados. Tiene sentido hacer este análisis financiero en plantas grandes, o en aquellas ubicadas en lugares inaccesibles, donde el ingreso de los químicos es complejo y/o representa un flujo de egresos importante, justificando el ahorro obtenido la inversión adicional y, por supuesto, los costos operativos asociados a la recuperación.

B)   *Reuso de los lodos*: Una vez los lodos se han mezclado, el reuso se complica y, usualmente, se hace inviable financieramente. No así, de ser posible, si se separan en forma fraccionada. Manipulando las condiciones del afluente, por ejemplo, cuando la carga contaminante es de origen mineral, se puede hacer una sedimentación fraccionada ajustando el pH del afluente, obteniendo lodos con mucho mayor concentración de cierto ion sobre el resto de los presentes. Manipulando la temperatura, por otra parte, se pueden separar diferentes tipos de contaminantes orgánicos. Incluso, dependiendo de la Kps, con reactivo limitante (Tomo IV), se puede alcanzar bastante grado de "limpieza" en los lodos formados, logrando muy altas concentraciones del contaminante a reusar. A diferencia del reuso de químicos, la inversión y los costos adicionales asociados al reuso de los lodos son mucho menores, siendo frecuentemente, procedimientos operativos para el retiro fraccionado y su recuperación.

37.1.3.   Reciclaje y Rendering

Una de las 2 "Rs" más ampliamente utilizada de los lodos en las plantas depuradoras, especialmente vinculadas al tratamiento de residuos líquidos industriales, viene de la mano con el Reciclaje, particularmente del lodo primario.

Y acá entramos de lleno a la Valorización de los Lodos.

No uno sino muchísimos ejemplos dan cuenta como los "desperdicios" de uno, son el insumo para el otro. Y por supuesto, financieramente, el reciclar no solo trae consigo la eliminación de los costos de transporte y disposición (que solo ello ya es una tremenda ganancia), sino también, los ingresos producto de la "venta del lodo".

Más que explicaciones del porque esta veta es rentable analizarla, creo es preferible explorarla desde 3 ejemplos:

37.1.3.1. Harina de Pescado, Carnes y Aves

Muchos de los desperdicios generados durante el faenado de pescados (Espinas, aletas, pieles, vísceras, cabezas), y de carnes y aves (Carne, huesos, vísceras, plumas, sangre), un par de años atrás, era un desperdicio que llegaba a los vertederos para su disposición final. Por supuesto de la mano con los respectivos costos financieros involucrados en el transporte y disposición, así como ambientales (huella de carbono del transporte, y la mayor, del biogás producido al descomponerse en los rellenos sanitarios).

Hoy día, por medio de plantas de "rendering", se convierten en harina empleada para alimento animal, rico en proteínas y grasas digeribles, incluyendo Omega-3, que ayudan al rápido crecimiento de los animales. Un producto de muy alto valor comercial, producido principalmente por Chile y Perú, quienes producen más de las dos terceras partes de la oferta mundial.

Tras modificar el proceso de separación de las GyA en el sistema de depuración, en una planta faenadora de pescado, para incorporar un separador previo (preIAF) al clarificador primario, especialmente intenso en nanoburbujas y operando sin químico, se logró la reducción del 80% del lodo primario separado con químico, canalizándose dicho sobrenadante del preIAF, junto a los restos de faenado, hacia la planta de rendering. Si bien dicho sobrenadante, por el nivel de agua presente, la planta de rendering no pagaba por recibirlo, pero tampoco cobraba, por lo que el "ingreso" fue desde la perspectiva del gran ahorro logrado en la factura de disposición de lodos, ahorro que en un tiempo aproximado de año y medio ya había compensado la inversión realizada en el preIAF.

37.1.3.2. Fundición Verde

En la fabricación y reciclaje de baterías de auto ácido plomo, posterior a la trituración de las baterías usadas, el material es llevado a enormes crisoles donde se recupera el plomo. El remanente es descartado como escoria de fundición, un desecho peligroso que debe disponerse con muchas precauciones y con muy elevados costos, pues aún lleva Plomo residual, y este representa muchos peligros para la salud (https://www.who.int/es/news-room/fact-sheets/detail/lead-poisoning-and-health).

Sin embargo, la fundición verde es capaz de procesar dichas escorias, y recuperar la gran mayoría de Plomo presente, generando un remanente tan empobrecido, que se puede disponer como un desecho ordinario, valorizando así la escoria que antes era un desperdicio de muy alto valor de disposición.

En el proceso de activación de las baterías, la incorporación de ácido en las placas es una etapa gradual que genera un afluente ácido muy rico en Plomo, cuyos lodos debían tratarse y disponerse en sitios especializados, por el alto grado de acidez y humedad con la que quedaba el Plomo. Tras un par de modificaciones, generando un ciclo de desbaste, primero cambiando a sedimentarle con aire en lugar de químicos (y la posterior neutralización), y luego incorporando un economizador de los gases de combustión para aprovechar su energía, se logró generar un lodo final muy rico en Plomo, no ácido y muy poco húmedo, capaz de disponerse junto con las escorias (incluso con niveles de Plomo más ricos que aquellas), para procesarse luego en fundidoras verdes, transformando un problema de disposición, en una oportunidad financiera muy interesante.

37.1.3.3. La Tagatosa

Uno, sino el que más impacto financiero ha tenido a lo largo de los diferentes procesos de Recuperación de insumos a partir de los lodos, si es que puede llamarse así, es en la industria láctea, y específicamente en plantas de fabricación de queso y/o yogur.

Durante el proceso de fabricación, los afluentes, aún cuando el grueso del suero suele recuperarse aparte, pueden llegar a contar con valores de DBO sobre 50.000 mg/L.

Para la planta en cuestión, el suero recuperado se regalaba a los vecinos del lugar, quienes le usaban como alimento de cerdo, mientras el afluente producido implicaba enormes costos de depuración, con grandes cantidades de lodos generados.

Tras un proceso de investigación, buscando avanzar más allá de la valorización energética, se realizó una verdadera transformación del centro de negocio de la empresa, enfocándose a producir a partir del suero, la Tagatosa. Endulzante de origen natural, la Tagatosa (en cuyo proceso de elaboración se elimina todo índice de lactosa, haciéndole apto aún para intolerantes a la lactosa) promete transformar la industria de la alimentación. La diferencia frente a endulzantes como la fructosa y la sacarosa, es que el organismo no la asimila totalmente, pudiendo incluso utilizarse en pacientes diabéticos.

Dado el alto valor de mercado de este monosacárido, y la recuperación financiera que tuvo la empresa al ingresar en este nicho de mercado, se transformaron muchos procesos en la empresa para lograr recuperar al máximo el suero del efluente, bajando el DBO del influente a depurar, bajo los 3.000 mg/L (y con ello, reduciendo significativamente la cantidad de lodo a disponer y por supuesto los costos operativos de depuración, y los de manejo y disposición de lodos).

Hoy día, para esta empresa, casi se podría decir que se produce queso como subproducto del proceso de fabricación de Tagatosa.

37.1.3.4. Y los ejemplos siguen

No son pocos, sino cientos de ejemplos que dan cuenta del como existen increíbles beneficios y oportunidades de ingresos en los sistemas de depuración, simplemente esperando a un cambio de paradigma; esperando a que se pueda apreciar, de lo que hoy se llama "desechos, efluentes a depurar, y lodos a disponer", como "insumos" con valor agregado, si se sabe bucear un poco más en ellos.

Los países europeos llevan en ello años de ventaja en valorización de los lodos y la "carga contaminante" presente en los vertidos líquidos. Es común incluso encontrarse con sitios industriales concebidos para sinergizar entre empresas, donde los subproductos de una se transformen en la materia prima de la siguiente organización. O en el otro escenario, encontrarse con "bolsas financieras" para transar desechos y residuos, similares a las existentes para transar commoditie, o materias primas.

Lamentablemente, en Latinoamérica, no es poco común al conversar de estas corrientes con los gerentes, encontrarse con la típica expresión "gracias, pero prefiero mejor no, pues a lo que me dedico es a mi proceso productivo".

37.1.4. *Recuperación Energética*

Sin duda la última opción de las Rs en los lodos, pues su potencial financiero es menor a las opciones anteriores, no por ello significa una rentabilidad menor. En el desarrollo de esta serie de libros hemos presentado ejemplos de empresas que, al igual que con la Tagatosa, han cambiado su rubro de negocio hacia la energía, transformando su producto previo en un subproducto requerido para la producción energética.

Dependiendo del contenido de los lodos (y frecuentemente de la disponibilidad de energía), la valorización energética puede incluir:

A)   *Pirólisis o Gasificación*: dos tipos de operaciones unitarias, que se diferencian entre sí por la cantidad de oxígeno disponible durante el proceso térmico y, con ello, la calidad combustible (poder calorífico) del gas de síntesis, o gas generado como producto de valor. A más cantidad de oxígeno -Gasificación-, menos rico como combustible es el gas formado. En ausencia de oxígeno -Pirólisis- y con calor aplicado, los lodos se pueden transformar en gas con muy alto poder calorífico, y usualmente los fondos o sólidos obtenidos, también con muy buen rendimiento calorífico en su uso; pero contra ello, la inversión inicial en la Pirólisis se eleva significativamente respecto a la Gasificación. La principal razón que limita el uso de estas opciones de valorización es el contenido de humedad con el que usualmente están presentes los lodos de la depuración, lo que incrementa significativamente los requerimientos de energía para la transformación química.

B)   *Biodegradación anaerobia*: misma que se ha venido conversando a lo largo de los diferentes Tomos, pero que en el próximo capítulo se convierte en el objeto central, su meta final es obtener biogás como producto. Nótese que el gas de síntesis y el biogás no son lo mismo para nada, no obstante, ambos son empleados como gas combustible, siendo que su beneficio es mayor entre mayor poder calorífico tenga el gas. Los fondos o el biodigestado, para este caso, no tienen valor calórico, más si como abono orgánico, si se ha tenido el cuidado de no ingresar exceso de metales pesados, u otros, que puedan contaminarlo al estar presente.

C)   *Incineración*: cuando el lodo mismo tiene un importante contenido calórico (por ejemplo, lodos del tratamiento de los efluentes de las termoeléctricas, ricos en aceites y combustibles), siempre es una buena opción explorar su aprovechamiento térmico directo en hornos o calderas. Muy importante, junto con ello, es cuestionarse tanto el cómo se hará (para que haga sentido financiero por el contenido de humedad) como el dónde se hará (por los gases producto de la combustión, mismos que pueden llegar a ser muy tóxicos, o requerir complejos sistemas de captura y limpieza de gases, para evitar impactos al ambiente o a la salud).

37.2.   Sistema de Gestión de los Lodos

No obstante, el avanzar en las Rs tiene un resultado positivo tanto para el ambiente como para las finanzas de la organización vinculada, nunca el entusiasmo debe sobrepasar el análisis y la preparación de la organización.

Un Sistema de Gestión de Lodos -SGL- debe considerar cada una de sus etapas en detalle, para evitar consecuencias futuras imprevistas o desagradables que puedan llegar a incluso frenar la iniciativa (Gráfico XXII.2).

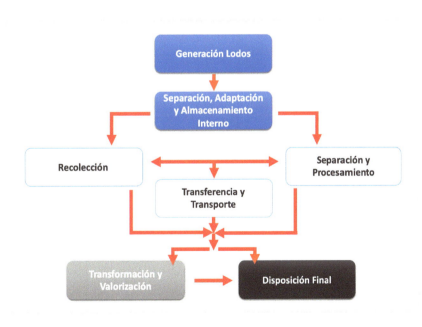

Gráfico XXII.2: Sistema de Gestión de Lodos

No es una, sino varias iniciativas de recuperación y/o valorización, que han tenido fuerte cuestionamiento por la alta gerencia, debido no a una brillante iniciativa detrás, sino una pésima ejecución del SGL. Al igual que con la planta depuradora, en el SGL es muy importante evaluar los tiempos de residencia, capacidades, balances, estacionalidades, entre otros.

Comprender el propósito de cada actividad del SGL, su interacción con su predecesora y la sucesora; la variabilidad en el tiempo; y por sobre todo, las consecuencias e implicaciones en condiciones normales, de mantenimiento y anormales; con rutas alternas bajo los diferentes escenarios; debe ser claramente definido y entendido desde el inicio y por todos los involucrados.

A diferencia de los afluentes, los lodos suelen generar complicaciones mayores si no son gestionados adecuadamente.

37.3.   Marco Legal Pertinente

Finalmente, aunque quizás esté demás mencionarle, pero entender claramente el marco legal asociado a cada paso del SGL debe ser cuidadosamente estudiado. Esto sea que la ejecución sea realizada por la misma organización o por terceros.

Luego de los grandes desastres ambientales en Estados Unidos originados por múltiples empresas que descargaban sus residuos en un mismo lugar geográfico (lo que de hecho dio origen a los "super fondos" del presupuesto nacional, fondos que el gobierno destinó a su limpieza y recuperación), en la segunda mitad del siglo pasado, se adaptaron dos principios en la legislación ambiental de este país, y como efecto cascada, luego en casi todas las del mundo:

A)   *De la cuna a la tumba*: No importa si se ha subcontratado a un tercero para la gestión de una o varias actividades del SGL, o que se le haya pagado por ello, si hay un problema ambiental en la gestión del tercero, en el cual estén involucrados los lodos, con impacto demostrado al entorno, el estado puede proceder contra el productor de los desechos como la organización responsable de dicho impacto, con todas las consecuencias que esto implica. Por supuesto, es un atenuante el que dicho tercero tenga sus debidos permisos ambientales, lo cual pudiese llegar a evitar una sanción administrativa. Pero es muy poco lo que puede alegarse contra la responsabilidad civil e incluso, cuando aplica, penal, por el impacto originado por los lodos. De ahí que muchas organizaciones continuamente auditan a sus proveedores del SGL como medida preventiva, una práctica que en Latinoamérica aún es poco común, excepto por las grandes trasnacionales, que es parte de sus procedimientos normales, definido desde sus casas matrices.

B)   *Responsabilidad solidaria*: Una de las razones del por qué el estado no podía proceder contra las empresas, cuando varias habían descargado en un solo punto, previo a este principio de responsabilidad solidaria, era debido a la dificultad científica de separar e individualizar responsabilidades producto de las descargas de cada organización. Ellas aceptaban la descarga y el daño, pero ante la imposibilidad del estado de separar que parte le tocaba a cada quién, terminaban pagando sólo la sanción administrativa, sanción que era mucho menor, a veces incluso menor que el costo del tratamiento de la descarga. Tras la entrada en vigencia del principio de responsabilidad solidaria, el Estado queda facultado para proceder contra cualquiera de las organizaciones participantes en un desastre ambiental, sin importar si su participación fue minoritaria o predominante en el impacto producido, y exigirle se haga responsable por toda la limpieza y recuperación del entorno, usualmente el costo mayor asociado. Y luego, si esta organización decide proceder contra el resto de organizaciones involucradas para "repartir" los costos asociados, es una decisión interna entre ellas, en juicios civiles, donde el Estado (y el medio ambiente) ya aseguró los fondos y le es indiferente que suceda, o quien gane el juicio civil.

Es por ello que, y a partir de la entrada en vigencia de estos principios, a diferencia de los afluentes, con el SGL se debe ser mucho más cauteloso, documentando en detalle, con contratos y delimitación de responsabilidades, la ejecución de cada actividad asociada con la cadena de lodos.

38. Energía de los Lodos

"Lo que una oruga llama el fin del mundo, nosotros lo llamamos mariposa"

- Eckhart Tolle

Este capítulo tiene por objeto introducir un aspecto vinculado a las plantas depuradoras, especialmente cuando el influente es rico en carga contaminante de origen orgánico: la valorización energética de los lodos por medio de la biodigestión anaerobia. Más pronto que tarde espero poder desarrollar una serie de libros específicos para abordar en detalle este tema.

Del por qué de abordar esta R de los lodos en un capítulo entero es por una sencilla razón: por mucho, en el mundo, es la forma de valorización más ampliamente utilizada y generalizada.

Cuando estos proyectos son bien desarrollados, genera mucho rédito a la organización vinculada, con proyectos cuyo período de retorno de la inversión es usualmente menor a 3 años.

Antes de empezar, un par de aclaraciones importantes:

Primero, este capítulo es para lodos, si bien extrapolable a los afluentes muchos de los conceptos, pero habrá que hacerlo con cautela (en el Tomo III se aprendió de los tipos de reactores y condiciones para depurar en forma anaerobia el afluente con carga biodegradable).

Segundo, este capítulo parte de lo aprendido en el Tomo IV de los microorganismos anaerobios, su metabolismo y sus características, por lo que considero recomendable, cuando menos, darle una refrescada a los conceptos antes de proseguir, para que puedas sacarle el mayor provecho (si es que no los tienes muy claros).

38.1.   Ventajas de la Valorización como Biogás

Los proyectos de valorización energética por medio de la producción de biogás son, y deben analizarse, como proyectos de inversión y rentabilidad positiva. Esto es, hacen sentido en la medida que generan en sí mismos, un Valor Presente de su flujo de efectivo positivo. Más que ser proyectos de beneficio ambiental y/o social, son proyectos de beneficio financiero, y deben ser tratados y evaluados como tal.

El período de recuperación de la inversión va, en general, desde 6 meses hasta 3 años, fuertemente dependiente del aprovechamiento energético del biogás, así como de las características y composición del lodo.

Adicional al rédito generado, existen múltiples beneficios asociados a este tipo de proyectos:

A)   *Fuente de Energía Renovable*: El uso del biogás, separado del uso de los combustibles tradicionales, es una energía renovable con impacto en la preservación y protección ambiental. Como tal, puede ser contabilizado tanto en la matriz energética de la organización (especialmente vinculado a reducción de impuestos) como descontado de su huella de carbono (vinculado a certificaciones y exigencias del mercado). Ambos aspectos aprovechables para fortalecer la reputación organizativa. Demás mencionar su impacto positivo en reducir la dependencia del país en el uso de combustibles fósiles, generalmente importados.

B)   *Contribuye a los Objetivos Energéticos y Ambientales*: Son muchos los países que han suscrito acuerdos y objetivos internacionales en la lucha contra el calentamiento global. La producción y uso del biogás de los lodos suma en pro del cumplimiento de ambos objetivos (energéticos y ambientales) al mismo tiempo.

C)   *Reducción de los Desechos a Disposición*: El uso del biogás tiene un doble impacto en la reducción de los desechos. Mientras por una parte, dependiendo del tiempo de residencia y del tipo y condiciones operativas del reactor, puede reducir del 60 al 80% de la fracción volátil presente en los lodos (fracción que se transforma finalmente en biogás); por el otro lado, el digestado o lodo resultante posterior a la biodigestión, puede llegar a convertirse en un bioabono, un producto con valor comercial, que no va a parar a los sistemas de disposición final (dependiendo de la composición de los lodos). Así, esta doble reducción, sea si se da solo la reducción de los lodos, o adicional la valorización del biodigestado, tiene un importante impacto tanto en la reducción del volumen a disponer, como de los costos operativos de la planta depuradora.

D)   *Generación de Fertilizante de Gran Calidad*: A diferencia de los abonos químicos, el biodigestado es un fertilizante orgánico de gran ayuda para los suelos. Rico en Nitrógeno, Fósforo, Potasio y Micronutrientes, contribuye a la formación y restauración del humus de los suelos. Siempre es importante tener en cuenta, por supuesto, la composición de los lodos y el tipo de biodigestor; esto para garantizar en forma sostenible que el bioabono esté libre de elementos o componentes que le contaminen y restrinjan su uso en el suelo.

38.2. Cantidad y Calidad Esperada

Estoy seguro que te estarás preguntando ¿El biogás varía en calidad? ¿Cómo estimar la cantidad de biogás generado, y con ello la potencial rentabilidad de este tipo de iniciativas? ¿Hace sentido para mi organización este tipo de proyectos?

Para responder estas preguntas - si no eran justo las tuyas, al menos suenan que son importantes ¿cierto? - vamos a revisar y profundizar en un par de conceptos.

38.2.1.   El Biogás y sus Propiedades Energéticas

Conforme presentado antes, el Biogás es un combustible mezcla de diferentes gases, cuya concentración depende tanto de la composición del lodo, así como de las condiciones dentro del reactor anaerobio (Tabla XXII.1).

Composición Típica del Biogás

Compuesto	%
Metano	50 - 75
Dióxido de Carbono	25 - 50
Nitrógeno y Amoníaco	0 - 10
Hidrógeno	0 - 1
Sulfuro de Hidrógeno	0.1 - 0.5
Oxígeno	0 - 0.5
Siloxanos y Otros	0 - 0.5

Tabla XXII.1: Biogás

El contenido energético del Biogás cambia conforme cambia la cantidad de Metano disponible, considerándose el promedio entre 6 a 6,5 kWh / Nm^3 (para el Metano puro es entorno a los 10 kW / Nm^3). Nótese que el metro cúbico es en condiciones Normales (presión de 1 atmósfera a 0 °C) -Nm^3-.

Así, un metro cúbico normal de biogás, con 70% contenido de Metano, es el equivalente energético a 6,8 kWh de electricidad, por ejemplo. A mayor contenido de Metano, mayor energía aprovechable contenida, mayor calidad del biogás.

En el Gráfico XXII.3 se muestra una serie de equivalencias energéticas. Por supuesto, conforme baje la calidad energética, o el contenido de Metano del biogás, la equivalencia será menor.

38.2.2.   Tasa de Producción

Y junto con la tasa de producción, la segunda respuesta: la cantidad de biogás estimado a producirse. El ideal, o punto de partida de análisis para cualquier proyecto de biogás, considera 0,6 Nm^3 de biogás por cada Kilogramo de DQO removido en la digestión anaerobia; o de 0,45 Nm^3 de biogás por cada Kilogramo de SVT removidos.

Por supuesto, estas son sólo primeras aproximaciones, apenas un punto de partida para realizar el análisis teórico de la cantidad de biogás que se formará. Pero ciertamente con ellas ya se puede tener una idea de hasta dónde puede ser productivo un proyecto de generación, conforme el DQO o los SVT a cargar al reactor, y la eficiencia de remoción proyectada.

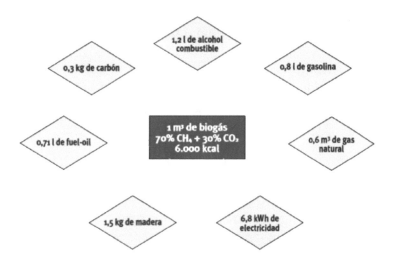

Gráfico XXII.3: Equivalente Energético del Biogás

Existen otras aproximaciones que dependen del contenido de Proteínas, Grasas y Carbohidratos presentes en el lodo; o de la estimación de su coeficiente de biodegstabilidad; o incluso de la composición molecular característica de los lodos. Cada una con sus propios métodos y procesos de estimación.

Pero su empleo, para gestionar y conseguir los datos requeridos, y a fin de evitar gastos innecesarios, deberá ser una vez se ha validado la rentabilidad del proyecto, en una evaluación preliminar.

38.3.   Usos del Biogás

Si bien es cierto, y tal cual lo hemos analizado previamente, la biodigestión anaerobia puede ser analizada desde la perspectiva técnica, hasta alcanzar un parámetro deseado de remoción de contaminante presente; no es el caso de análisis de este capítulo: conforme expresado antes, tiene sentido avanzar en un proyecto de valorización energética de los lodos si el proyecto es rentable, y como tal, si el Biogás puede ser aprovechado.

4 usos son los más comunes para el Biogás, de los cuales los últimos 3 son, por mucho, los más empleados en Latinoamérica:

38.3.1. Biometano

Especialmente cuando se quiere aprovechar como producto comercial (por ejemplo, envasado como gas presurizado, tal cual el GLP -Gas Licuado de Petróleo-, que es comercializado en cilindros presurizados para su uso en hogares, industrias, o en vehículos con motores a gas), el Biogás presenta dos problemas que le hacen inviable para este tipo de aprovechamiento, tal cual y se produce en el digestor:

Especialmente el Sulfuro de Hidrógeno presente en el biogás, es corrosivo, lo suficiente como para causar daños a los equipos. Adicionalmente, un poco menos de la mitad del gas presente en la mezcla, es impureza -no aporta en poder calorífico y sólo ocupa volumen-.

Cuando efectivamente el objeto de la producción es su comercialización como combustible líquido, debe purificarse a concentraciones de Metano arriba del 98%. El resultado de este proceso de "upgrade" del Biogás es, precisamente, lo que se conoce como el Biometano. La limpieza más común es usando sistemas de columnas presurizadas que "lavan" del gas las impurezas, o el resto de gases no deseados.

El Biometano producido es entonces presurizado hasta licuarlo, y usarlo comercialmente tanto en envases presurizados como en la misma red de gas, incluso en ocasiones combinada con la de Gas Natural, cuyo poder calorífico es similar. Ciertamente, si se va a inyectar a una red de Gas Natural, la limpieza no es tan exhaustiva como cuando se va a comercializar licuado.

38.3.2. Producción de Calor

Por mucho la aplicación del biogás más rentable de todas, es cuando el proceso productivo que ha generado el afluente depurado (y como tal, el lodo) es intensivo en uso de calor, sea esto directo en sus procesos -hornos- o en calderas; y con ello, la energía del biogás generado puede aprovecharse directo en forma de calor de combustión -Sistemas HP o *Heat Power*-.

La razón del por qué produce la mayor rentabilidad es simple: Menos pérdidas en transformaciones de energía, de la mano con muchísimo menor requerimiento de limpieza de los gases (reducir el contenido de agua es, para la gran mayoría de los casos, el único proceso de limpieza).

Para efectos de análisis de prefactibilidad de un proyecto, se estima que, de la energía química presente, entre el 50 al 60% de esta llegará a convertirse en calor aprovechable.

Bajo este escenario, usualmente los proyectos se diseñan con un período de retorno entorno a un año a 9 meses. Al estimar el flujo de efectivo asociado deberá considerarse, como mínimo, tanto el costo de combustible para la organización -

considerando transporte cuando aplique-, así como el ahorro en la factura de gestión y disposición de los lodos, producto de la reducción de los SV.

Si adicional se puede producir bioabono del digestado, y este mismo se puede comercializar, debiese sumarse. Sin embargo, para el común de los casos, este es un ingreso diferencial contra el costo de producción del mismo -por los procesos de desaguado, empacado y estandarización como producto-, razón por el cual se termina omitiendo del análisis financiero preliminar.

38.3.3. Producción de Energía Eléctrica y Calor

Comúnmente conocidos como Sistemas CHP -*Current Heat Power*-, el objetivo principal de estos es producir energía eléctrica, frecuentemente con generadores de motores de combusión, alimentados con el biogás; mientras que, por medio de intercambiadores de calor, se recupera parte de la energía en forma de calor.

Su gran ventaja viene de la mano con el hecho que, mientras no todas las industrias ocupan calor en sus procesos productivos, básicamente cualquier organización utiliza energía eléctrica; y aún cuando no consuma toda la energía producida a partir del biogás, la mayor parte de legislaciones permite venderla a la red.

Cuando la energía eléctrica y el calor son recuperados en su totalidad, y utilizados por la misma organización, son proyectos que en general se diseñan con un período de retorno entorno a 2,5 a 3 años. Si venden la energía a la red, por la diferencia de precio del kWh, el período de retorno se extiende hasta 5 años.

De la energía del biogás, entre 20 a 30% es transformado a energía eléctrica aprovechable, mientras que del 12 al 20%, en calor.

Su mayor período de retorno viene, adicional a la menor eficiencia, principalmente por la mayor limpieza requerida para los gases, limpieza enfocada en la reducción de humedad, Sulfuro de Hidrógeno, Siloxanos, y cualquier otro componente que pueda acortar significativamente la vida de los generadores eléctricos.

Y por supuesto, entre los generadores y los sistemas de limpieza de gas más robustos, la inversión inicial aumenta.

En ocasiones, cuando el consumo de energía para la organización tiene costos diferenciados respecto de las horas del día (frecuentemente en horas de máxima demanda eléctrica, el costo del kWh es mayor que en el resto del día), el diseño contempla la acumulación del biogás en domos, y su aprovechamiento justo en el rango de horas de mayor costo del kWh, de tal forma los flujos de efectivo se estiman considerando precisamente ese valor punta.

38.3.4.   Sistemas CHPP

Finalmente, y el menos común -pues usualmente su rentabilidad es menor respecto a los anteriores-, son los sistemas de aprovechamiento de Frío, Energía Eléctrica y Calor -*Cold Current Heat Power*-. Adicional al sistema CHP, estos incluyen un ciclo de generación de frío muy similar al ciclo de un refrigerador o un congelador, utilizando una mezcla de gases particulares a este ciclo de condensación y evaporación.

Su aplicación, aunque no muy común, es en empresas que más que calor utilizan frío en sus procesos productivos (más frecuente en el rubro de alimentos).

Ciertamente la inversión inicial se incrementa principalmente por el ciclo de enfriamiento adicional, pero también un poco la eficiencia respecto a los sistemas CHP: 20 a 30% es transformado a energía eléctrica, 20 a 25% puede ser aprovechado como frío, y del 3 a 5% queda disponible como calor.

38.4.   Estimación Preliminar de un Proyecto

Siguiendo la dinámica de los Ejercicios, dimensionaremos un proyecto de valorización energética por medio del aprovechamiento como Biogás, usando WaterWeb para ello: https://waterweb.app/WNetW/ClImprv.php, Producción de Biogás.

Problema 38.4.A

Don Leo, muy interesado en el tema de la valorización energética de los lodos producidos, está pensando explorar la iniciativa para una planta industrial del corporativo. Por supuesto, ¿adivina a quién le ha pedido apoyo para explorar si hace sentido avanzar hacia estudios más serios al respecto? No te equivocaste. Efectivamente ha solicitado tu consejo sobre si es conveniente avanzar en una iniciativa de estas; y estimar, en forma muy gruesa por ahora, el monto requerido para la inversión inicial, para evaluar igualmente si la organización puede hacerle frente a dicho monto.

Se sabe que la planta envía a disposición final, básicamente sin estacionalidad anual, a razón de 375 m3 mensuales, un lodo fuertemente orgánico, entorno al 35% contenido seco, cuyo DQO se ha medido, tras múltiples análisis, en promedio, entorno a los 150.000 mg/L. Anualmente la empresa, entre transporte y disposición, está pagando por ellos $15.000 al mes.

Los consumos mensuales de energía de la empresa, y sus respectivos costos, se presentan en la Tabla XXII.2.

Consumo de Energía Mensual

Tipo de Energía	Cantidad	Unidad	Costo ($000)
Electricidad	1.255.319	kWh	$ 218
Calor	420.000	MCal	$ 145
Frío	19.300	MCal	$ 6

Tabla XXII.2: Consumo Actual

Solución:

Dos formas de afrontarlo: Se puede estimar la cantidad de Biogás producido a partir del DQO (dato que actualmente se dispone), o a partir de los SVT (los cuales se pueden estimar fácilmente considerando el que, con la concentración, se pueden determinar los ST presentes, en mg/L -https://waterweb.app/WNetW/ClUnt.php, Concentración-, y con ello, dado que su contenido es orgánico, se puede estimar los SVT presentes -https://waterweb.app/WNetW/ClLab.php, Sólidos-).

En esta solución se hará a partir del DQO, llenando los datos en WaterWeb (https://waterweb.app/WNetW/ClImprv.php, Producción Biogás), tal cual se muestra en el Gráfico XXII.4. Los resultados en el mismo Gráfico.

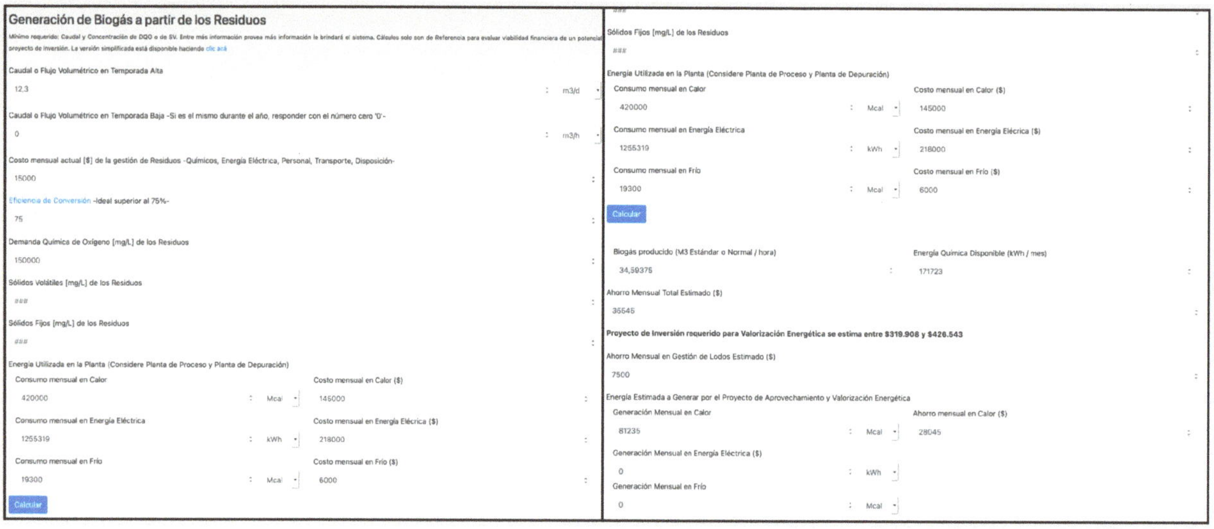

Gráfico XXII.4: Solución Problema 38.4.A

Varias acotaciones habrá que hacer:

Como no hay estacionalidad, únicamente se ingresan los datos de Temporada Alta (375*12/365=12,3 m3/d), dejando los de Temporada Baja en cero.

La eficiencia de conversión, para efectos de cálculos preliminares, siempre es recomendable no subirla de 75%, siendo este el peor escenario (esto es, el DQO de salida será el 25% del valor inicial, por ejemplo).

Dado que no se cuenta con SVT ni SFT, se dejan en blanco para que el sistema efectúe la estimación únicamente a partir de la relación con el DQO. Por supuesto, de contar con más información, siempre es mejor adicionarla (de ingresarse ambas mediciones, el sistema siempre buscará realizar las estimaciones con el peor escenario).

Dado que la energía producida por el biogás es menor, para este ejercicio, al requerimiento en calor de la organización, WaterWeb hace la estimación para un sistema HP, o de aprovechamiento únicamente por calor. Caso que hubiese sido, por ejemplo, 42.000 MCal el consumo de calor, el sistema automáticamente hubiese cambiado a un sistema CHP, incrementando la demanda de inversión inicial.

Así, una vez realizado las estimaciones, el ahorro mensual proyectado al aprovechar el biogás, se estima en $35.545, requiriendo una inversión inicial entre los $319.908 a los $426.543.

Nótese que no se está definiendo el tipo de reactor ni las variables técnicas asociadas ¿Por qué? Insisto, es un proyecto de inversión que tiene componentes técnicos, y no al revés.

Una vez estimados los montos preliminares, se analiza si la empresa está en capacidad de asumir ese monto de inversión, y si es capaz, entonces, y solo entonces, entra en juego todo el desarrollo técnico de un biodigestor de lodos, detalle que sale del alcance de esta serie de libros, pues es, en volumen de información, similar a lo cubierto entre estos 5 Tomos.

La respuesta es: Efectivamente es un proyecto rentable, que requiere una inversión entre los $320.000 y los $430.000. Se espera un ahorro mensual del orden de los $35.500, y un período de retorno menor o igual a 1 año.

38.5. Planeando una Planta de Biogás

Generar biogás a partir de un lodo biodegradable es muy sencillo. Basta con generar condiciones anaerobias de alguna forma y listo… Algo de biogás saldrá. El punto es cómo maximizar la producción energética, al mínimo Valor Presente. Y eso sí ya requiere mayor nivel de conocimiento. Si en el mundo de los sistemas de tratamiento es frecuente ver tremendos errores de diseño y operación, en el de los sistemas de biogás… mejor ni hablar.

Definir una planta de biogás para lodos implica una serie de pasos y consideraciones que deben ser analizadas y resueltas en las diferentes etapas del proyecto de ingeniería (capítulo siguiente): ¿Qué beneficios son los más relevantes del proyecto de valorización para la organización? ¿Existe la capacidad financiera para la inversión? ¿El flujo de suministro -influente de lodos- es continuo y uniforme para el diseño considerado? ¿Dónde será localizada la planta? ¿Cuáles son los principales riesgos asociados al proyecto? ¿Quiénes deben enterarse y/o participar de la iniciativa, y en qué momento? ¿Qué permisos deben considerarse y qué plazo tardará obtenerlos?

No es raro identificar, al avanzar en la respuesta a estas preguntas, incluso la conveniencia de avanzar en estrategias de cogeneración (digestar lodos de varias fuentes y/u organizaciones), para maximizar la producción de biogás, cuestionando a partir de ello incluso el emplazamiento mismo de la planta de biogás, y el aseguramiento de la mezcla de lodos apropiada en todo momento.

38.5.1. Localización

Un aspecto que siempre es relevante al planear la planta, es el adecuado emplazamiento de la misma. Como mínimo, al momento de ubicarla, se recomienda considerar:

A) Aspectos legales vinculados a la distancia mínima a los linderos de la empresa, incluyendo especialmente las distancias con vecinos cuando estos son residenciales;

B) La dirección predominante de los vientos, tanto desde la perspectiva de quienes pudiesen ser los receptores de cualquier mal olor producido, como por los riesgos de seguridad asociados a este tipo de instalaciones;

C) Accesibilidad, tanto desde la perspectiva de la llegada de los lodos a digestar, y la salida del biodigestado; como del acceso a la infraestructura relacionada (manejo y consumo del biogás, red eléctrica, etc.);

D) Características constructivas del suelo (tipo de suelo, capacidad de carga, pendientes naturales, etc.);

E) Consideraciones legales propias de los potenciales emplazamientos que impacten el trámite de permisos.

38.5.2. *Seguridad Industrial*

La construcción y especialmente la operación de las plantas de biogás vienen con importantes riesgos y múltiples aspectos de seguridad industrial asociados. Tanto medidas físicas de prevención, como planes de prevención y contingencia asociados, deben contemplarse mucho más allá que sólo pasos indispensables en la gestión de los permisos pertinentes. La seguridad industrial es y debe verse como un eje estratégico y de vital importancia operativa en este tipo de iniciativas.

Entre los principales riesgos asociados a este tipo de instalaciones se consideran:

A) *Fuego y Explosión*: En el rango del 6 al 12% de contenido de biogás en el aire (ó 4,4 a 16,5 % de Metano), se forma una atmósfera explosiva. Es por ello que, en el entorno inmediato a los digestores y los puntos de acúmulo de biogás, el riesgo de incendio y explosión es alto. La selección de los equipos eléctricos o luces en dichos lugares deben ser específicos para ese tipo de condiciones.

B) *Asfixia y Envenenamiento*: Si el biogás es inhalado en altas concentraciones (especialmente por el Sulfuro de Hidrógeno presente), puede resultar en envenenamiento e incluso muerte. Aunque el biogás como mezcla es más liviano que el aire, tiende a separarse, lo cual hace que produzca desplazamiento del oxígeno en espacios cerrados, por lo que equipo de respiración adecuado debe preverse.

C) *Otros Riesgos*: Adicional a los dos anteriores, los múltiples riesgos propios de una planta, incluyendo de accidentes, escaleras, partes en movimiento, riesgos eléctricos o de quemaduras (especialmente en sistemas de aprovechamiento del calor), etc.

XXIII. HACIA EL PROYECTO DE INGENIERÍA

39.   El Proyecto de Ingeniería

"La libertad consiste en reconocer los límites"

- Jiddu Krishnamurti

A lo largo de los diferentes Tomos de esta obra, hemos cubierto, analizado y profundizado tanto aspectos operativos de sistemas de depuración existentes, como también consideraciones en oportunidades de mejora o, incluso, en proyectos de inversión, sea esto de depuración propiamente tal, como de valorización.

Hemos avanzado cubriendo el enriquecedor campo de la depuración, tanto potabilización como tratamiento de vertidos; en aspectos tan variados que abarcan desde la química a las finanzas, desde la automatización a la hidráulica, desde la microbiología a la electricidad, entre muchos otros...

Sin embargo, y ahora que estamos ya casi por acabar esta obra, descubro mi maquiavélico plan detrás de todo ello: Provocar un cambio en la forma como se hacen las cosas. Después de todo, personalmente siempre he considerado absurdo y pérdida de tiempo adquirir un nuevo conocimiento para mantener el "status quo".

Así entonces, este último capítulo es para brindarte la última herramienta, si bien aplicable a cualquier proyecto de mejora en un sistema de depuración, pero realmente transversal a los proyectos de ingeniería en general: las etapas en la evaluación de proyectos de ingeniería, desde la Concepción hasta la Gestión. Y con ello, tengas todas las herramientas necesarias para evaluar e implementar un proyecto de cambio en un sistema de depuración de aguas.

39.1.   Diseño Conceptual

Sea porque se busca reducir un costo, reducir un riesgo, avanzar en el cumplimiento normativo, o desarrollar un proyecto de rentabilidad ambiental y/o valorización de los lodos, como conversado desde el Tomo I, no es correcto presentarte a la Alta Gerencia ni con una idea vaga, ni con un sin fin de tecnicismos, en alienígena para ellos.

Es necesario darle forma, estructurarlo en un proyecto delimitado y claro; un proyecto donde se identifiquen las oportunidades y problemas a resolver, con una idea gruesa de la propuesta potencial, así como del orden de inversión involucrado y/o flujo de efectivo. Definir en forma gruesa y preliminar de qué recursos se está hablando. Después de todo, son proyectos inmersos en las finanzas organizativas.

El objetivo, pues, del Diseño Conceptual es delimitar la iniciativa más que detallarla. Es crear el avance justo y necesario para que se pueda discernir si hace sentido, bajo que criterios hace sentido, y/o en cuánto tiempo pudiese hacer sentido abordarlo por la organización.

Siendo un paso requerido y necesario para grandes proyectos de ingeniería, ciertamente no es indispensable para pequeñas mejoras.

Esta es la primera puerta de decisión. Como tal, siempre debiese evaluarse castigando el proyecto, tanto en sus ventajas como en su flujo de efectivo, lo más posible, dentro de los rangos técnicos y aceptables. En esta etapa no se busca aprobar el proyecto. Se busca salvaguardar la inversión. Asegurarse que, si se avanza en la iniciativa, sea porque a la organización, en suma global, le contribuirá de una u otra forma a su rentabilidad.

De esta etapa solo debiesen avanzar aquellos que realmente bajo el peor escenario hacen sentido para la organización.

La "filosofía" detrás es equivocarse rápido y barato. Entre más se avanza entre las etapas de evaluación del proyecto, más flujo de efectivo se va comprometiendo, aún cuando ciertamente la incertidumbre sobre los detalles del proyecto va reduciéndose (Gráfico XXIII.1).

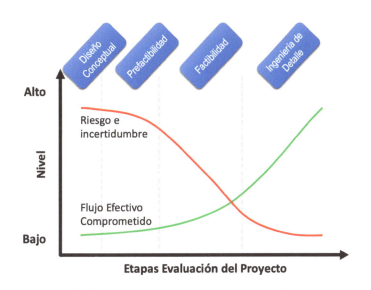

Gráfico XXIII.1: Evaluación del Proyecto

El producto del Diseño Conceptual suele ser la Justificación de la iniciativa; el Diagrama de Flujos, Diagrama de Pasos, o el Tren de Operaciones Unitarias, dependiendo sea el caso; una memoria descriptiva muy general dando cuenta de qué se trata; y los grandes centros de flujo de efectivo involucrados, con sus respectivos indicativos y consideraciones tomadas en cuenta.

39.2.   Prefactibilidad del Proyecto

La segunda gran puerta de decisión. En ocasiones, cuando no se realiza el Diseño Conceptual, a la Prefactibilidad suele fusionarse con este en una sola etapa. Y esto es porque la Prefactibilidad precisamente es, en forma sencilla y rápida, el profundizar lo suficiente en el Diseño Conceptual, como para brindar un poco más de detalle de la iniciativa, y validar los supuestos empleados.

Así entonces, a diferencia de la etapa anterior, esta implica "validación en terreno" para definir las obras a realizar, ciertamente en un nivel general, pero ya con claridad que si y no debe incluirse; que permisos deben gestionarse y las implicaciones de ello; balances preliminares, principalmente del flujo principal, excluyendo por ahora los flujos auxiliares; identificación de actores y proveedores que pudiesen participar; potenciales imprevistos que puedan ocurrir durante la ejecución, y mecanismos potenciales para anticiparlos; implicaciones para la organización tanto en particular de la iniciativa, como de las consecuencias en el tiempo, posterior a su implementación; entre otros.

El gran objetivo es buscar tantos "pero's" como sea posible… Un grave error que muy frecuentemente se comete es el entender la prefactibilidad como el identificar la forma de como ejecutar el proyecto. Y si bien esto debe hacerse, pero la gran meta es siempre buscar identificar "el aspecto" que hace inviable el proyecto, antes que se inviertan recursos financieros en forma. Esta es la última puerta de bajo presupuesto asociada al proceso de evaluación.

Si no se aprovecha para filtrar, dependiendo de la naturaleza y tamaño del proyecto, el riesgo asociado aumenta, incluso aunque el proyecto sea viable, pues un supuesto equivocado no detectado a tiempo, por ejemplo, puede dar a enormes emolumentos para corregirle en las siguientes etapas. Ni que decir si el proyecto ya ha empezado su implementación.

El producto de la evaluación de Prefactibilidad suele ser la validación de la Justificación de la iniciativa; el Diagrama de Flujos, Diagrama de Pasos, o el Tren de Operaciones Unitarias, dependiendo sea el caso, involucrando los flujos auxiliares y su vinculación con la organización -por ejemplo, si se requiere electricidad, cuál será la fuente de suministro y condiciones de entrega-; el plano de distribución en planta o layout del desarrollo de la iniciativa; la memoria descriptiva de la iniciativa y diagrama de operaciones involucradas; permisos a considerar, especialmente los ambientales; balances de masa preliminares -idealmente tan precisos como posible, sin incurrir en mediciones especializadas, u otros que requieran mayores flujos de efectivo para obtenerlos-; planos volumétricos de la iniciativa, idealmente geolocalizados en el sitio; implicaciones para la organización -especialmente si está operativa- previo, durante y posterior a la implementación del proyecto; evaluación de riesgos asociados; flujo de efectivo preliminar, detallando inversión en activos esperados, y sus costos y gastos operativos asociados, y su respectivo análisis financiero -Valor Presente y/o período de retorno de la inversión, conforme aplica-, usualmente con un margen de más o menos 30% de error.

Idealmente a partir de esta etapa debiese involucrarse a todos aquellos al interior de la organización vinculados a la iniciativa, sea por su carácter de tomador de decisión, o porque de ejecutarse el proyecto, se verán afectados de una u otra forma por ella. Siempre es muy recomendable escuchar y tomar en cuenta sus apreciaciones.

39.3. Factibilidad del Proyecto

Busca más bien afinar y confirmar las conclusiones de la etapa anterior, especialmente en los aspectos técnicos, financieros y lo relacionado a permisos. Muy frecuentemente esta etapa también es intensiva en determinar tiempos requeridos, concluyendo en el cronograma de ejecución de la iniciativa. En proyectos de menor inversión, esta etapa del proceso de evaluación suele ejecutarse directo con la etapa siguiente.

Mucho más intensiva en trabajo de campo y en diseños más específicos, esta etapa concluye con el anteproyecto definitivo y la información necesaria para los permisos ambientales, de la mano con un flujo de efectivo más ajustado, usualmente con un margen de más o menos 15% de error.

Si bien en esta etapa se confirma el flujo de efectivo tal cual, y en qué momentos se realizarán los emolumentos definitivos, se considera una etapa de delimitación de alcances más que de viabilidad de la iniciativa. Esto es, más que preguntarse si debe realizarse el proyecto, esta etapa concluye en los detalles del cómo se va a realizar la iniciativa y en qué tiempos.

Esta etapa, entonces, debe cuestionar y acordar los aspectos vinculados al delicado equilibrio entre alcance, tiempos, costos y calidad de los resultados esperados de la iniciativa.

El producto de la evaluación de factibilidad suele ser los mismos que de la etapa anterior, incluyendo todos aquellos diseños estrictamente necesarios para dar respuesta a los tiempos, demanda de efectivo, y cualquier otro recurso necesario, incluyendo y especialmente, aquellos en vinculación con la organización.

A partir de esta etapa, el líder de ejecución del proyecto debiese involucrarse, y cualquier otra gerencia que deberá estar participando directa o indirectamente de la ejecución del proyecto.

39.4.   Ingeniería de Detalle

Si bien es cierto esta etapa aún es parte del proceso de evaluación del proyecto, y como tal, producto de ella puede detenerse y desecharse la iniciativa (al evidenciar alguna consideración no identificada en las etapas anteriores), usualmente los proyectos de ingeniería rara vez son rechazados en ella.

En esta etapa se realizan todos los diseños de ingeniería pertinentes que permitan definir con alta certeza las formas, dimensiones y características de las obras, los equipos involucrados y sus proveedores respectivos, conexiones y vinculaciones con el resto de la organización, y todo aquello que permita a los encargados de la ejecución del proyecto, realizarla conforme el producto de esta etapa.

En ocasiones, dependiendo de la naturaleza del proyecto y de la organización a cargo de la iniciativa, esta etapa no llega hasta la etapa de diseños constructivos, siendo estos más bien una actividad parte ya de la ejecución del proyecto; pero si debe considerar toda la información básica requerida para licitarlo en una etapa siguiente.

Esto es, por ejemplo, si es más conveniente, por efectos de garantía de obra, que la misma persona, natural o jurídica, encargada de la construcción de las obras, sean los mismos que realicen los diseños constructivos, de tal forma que se hagan responsables de cualquier defecto posterior asociado a la obra; debiese, como producto de esta etapa, brindar toda la información pertinente para que, una vez se tenga el visto bueno para iniciar el desarrollo del proyecto, las empresas participantes puedan ofertar el diseño constructivo y la construcción misma, por supuesto, con la debida validación y supervisión.

Producto de esta etapa, adicional a los resultados de las etapas anteriores, se incluye la delimitación completamente clara del alcance; presupuesto (usualmente con un 5 a 10% máximo de margen de error) y cronograma de ejecución, y cuando aplica, los alcances respecto a la calidad esperada de los resultados y todos aquellos aspectos que definen una conclusión satisfactoria; balances de masa y energía, así como todos los flujos auxiliares asociados a la iniciativa, y su respectivo diagrama de flujo; hojas de cálculo por operación unitaria, y sus flujos auxiliares; planos constructivos (conforme aplique), incluyendo volumétricos, isométricos, estructurales y arquitectónicos, eléctricos y de instrumentación, hidráulicos, mecánicos, entre otros; hojas de equipos, con sus especificaciones de adquisición e instalación, y condiciones operativas requeridas; y en general, toda la información necesaria tanto para el desarrollo de la iniciativa, como para validar el presupuesto y su flujo en el tiempo.

De esta etapa, cuando el proyecto es muy grande, se pasa a la Ingeniería de Ejecución, separando entre la ingeniería requerida para cotizar -ingeniería básica o de detalle- y aquella para ejecutar e implementar -ingeniería de ejecución-. Sin embargo, en el común de los casos, esta etapa se realiza para el desarrollo de plantas de proceso industriales, con alta complejidad, más que para plantas depuradoras o proyectos de valorización.

Esta etapa igualmente concluye con la "Carta o Acta de Apertura del Proyecto", un documento que da cuenta de las condiciones con las cuales el proyecto es autorizado y debe ejecutarse por el Director del Proyecto; así como del Plan de Desarrollo del Proyecto (tiempos, recursos -financieros, humanos, etc.-, calidad, mecanismos de comunicación, riesgos previstos, proveedores y grupos de interés).

Un aspecto no menor asociado a esta etapa es la comprobación contra normas pertinentes, conforme aplique, de las dimensiones y detalles constructivos de las partes y componentes del proyecto; validando contra ello, por supuesto, si es requerido modificar el layout de la iniciativa, o cualquier otro aspecto de la iniciativa que pueda verse afectado.

39.5.   Ejecución y Administración del Proyecto

Conforme el monto asociado a la iniciativa crece, siempre es recomendable que al menos el Líder o Director del Proyecto (la persona de más alto nivel asociado al desarrollo de la iniciativa), cuando menos, tenga conocimientos asociados a la Administración de Proyectos.

Si bien al respecto existen muchos lineamientos y directrices asociadas, por mucho la mejor, y más reconocida al nivel mundial, son las del Project Management Institute (pmi.org), y su guía de administración de proyectos (https://www.pmi.org/pmbok-guide-standards/foundational/pmbok).

Para aquellos interesados en especializarse en la administración de proyectos (posterior a la ingeniería de diseño, cuando la alta gerencia da el vamos para su ejecución, y hasta la entrega a entera satisfacción del mismo), es una especialización fascinante y muy recomendable, con gran y creciente futuro, por supuesto en muchos campos además del de la depuración de las aguas.

Paralelo a WaterWeb, la herramienta que se ha venido usando a lo largo de esta serie de libros, para apoyar la ejecución de proyectos, Grupo Tecnología ha desarrollado otra herramienta: MyKit (https://mykit.app/), precisamente para apoyar en la gestión de proyectos de ingeniería.

39.6. Entrega, Capacitación y Puesta en Servicio

Finalmente, y una vez el proyecto como tal termina, y la iniciativa está lista para iniciar operación, ya en forma activa y permanente, los últimos aspectos que no pueden quedar en el olvido:

A) Definir la organización responsable de la operación, sus actuaciones esperadas, y mecanismos de comunicación -clave especialmente si se va a tercerizar la operación-;

B) Capacitación asociada tanto a la operación como a aquellos aspectos asociados a la seguridad industrial y ambiental, considerando, por supuesto, la de inicio de operaciones, pero también su repetición y actualización en el tiempo;

C) El manejo de la documentación, tanto del manual de la planta, sus equipos, y químicos, entre otros; como de los registros y formularios de control;

D) Los reportes requeridos y supervisión de la adecuada operación, de la mano con la definición y seguimiento de los KPIs operativos;

E) Etapa de puesta en servicio, el nivel de involucramiento de proveedores y especialistas asociados, y garantías vinculantes, especialmente en el arranque y puesta a punto, hasta alcanzar los requerimientos comprometidos.

Por supuesto, dicho listado no pretende ser exhaustivo, sino más bien, consideraciones que, adicional a aquellas propias de cada organización y del proyecto mismo, deben estar presentes al momento de partir la ejecución.

XXIV. CONCLUSIÓN DE LA OBRA

40. El Último Capítulo

"Solo hay dos errores que se comenten en el camino a la verdad: No empezar, y no llegar hasta el final"

- Buda

Nos acercamos ya al final de esta serie de libros. El último capítulo del último Tomo (por favor, no se vale llorar). Y junto a ello, tu medalla de logro y deber cumplido, ahora que fuiste capaz de leer y aprender todo el contenido de los diferentes Tomos respecto de las plantas depuradoras. No puedo más que felicitarte y agradecerte.

Espero para ti haya sido tan emocionante leer esta serie de volúmenes como fue para mí escribirlos. Y por supuesto, que haya entregado mucha información útil que puedas retomar en tu día a día y tu desempeño laboral.

Más que verlo como un final, para mí este debe ser el inicio: la hora de actuar ha llegado, de pasar a la acción lo aprendido, de realizar los cambios… pero también de transmitir el conocimiento.

Si tienes un pan y lo compartes con el que está a tu lado, ambos quedarán con medio pan. Si tienes un vaso de agua y lo compartes, ambos tendrán medio vaso… Pero si tienes una vela encendida y compartes la llama para encender la de la persona a tu lado, ambos tendrán lo mismo: una vela encendida para iluminar la oscuridad.

El conocimiento es como esa llama… Cada vez que lo compartes, sólo se multiplica. Nunca se divide. El conocimiento ilumina a los demás, pero también te facilita avanzar, pues entre más tienen la vela encendida, más iluminado estará el camino.

Invitarte, si te gustó esta obra, la compartas con quienes están a tu lado, y multipliquemos juntos el conocimiento, sumemos experiencias… porque nuestro entorno y el ambiente es uno solo, de todos, y compartido.

Por supuesto, si no te gustó, te ruego que te quedes, pero lo más callado posible, y guarda el secreto, ¿tenemos un trato? Son bromas…

Espero, mi estimado lector, poder contar con tu retroalimentación y podamos compartir experiencias, sea en mi correo: guillermo@solucionesgtec.com, o en los diferentes programas de formación y capacitación (https://www.solucionesgtec.com/GTecCapac.php), o ¿por qué no?, y nos veamos en el desarrollo de un proyecto de depuración. Será un placer. Hasta la próxima. Un fuerte abrazo…

PD.: Don Leo te envía sus saludos y agradecimientos por todo tu apoyo en la gestión ambiental del corporativo.